Victor Klemperer
Ein Leben in Bildern

Herausgegeben
von Christian Borchert
Almut Giesecke
Walter Nowojski
Mit einem Nachwort
von Klaus Schlesinger

Victor Klemperer

Ein Leben in Bildern

Aufbau-Verlag

Erstes Kapitel
1881–1912

Ich bin am 9. Oktober 1881 in Landsberg an der Warthe
geboren, als neuntes und letztes Kind meiner Eltern,
und alle Vor- und Nachteile, die sich an die Situation des
Jüngsten knüpfen, habe ich überreichlich kennengelernt.

Curriculum vitae

1884	Beginn der deutschen Kolonialpolitik in Afrika
1888	Wilhelm II. Kaiser von Deutschland
1890	Entlassung von Reichskanzler Otto von Bismarck Reichskanzler Leo von Caprivi Gründung der Sozialdemokratischen Partei Deutschlands (SPD)
1894	Der Kriegsgerichtsprozeß gegen Alfred Dreyfus wegen angeblichen Landesverrats in Frankreich löst eine Welle des Antisemitismus aus
1897	Erster zionistischer Kongreß in Basel
1898	Gründung des Deutschen Flottenvereins, Beginn verstärkten Flottenaufbaus
1899	Erste Friedenskonferenz in Den Haag
1900	Inkrafttreten des Bürgerlichen Gesetzbuches
1905	»Schlieffenplan«: Strategieentwurf vom Chef des Generalstabs Graf von Schlieffen für einen Zweifrontenkrieg gegen Frankreich und Rußland
1907	Annahme der »Haager Landkriegsordnung« auf der Zweiten Friedenskonferenz
1908	Österreichische Annexion von Bosnien und Herzegowina
1912	SPD wird stärkste Fraktion bei den Reichstagswahlen am 12. 1. 1912

2. Landsberg an der Warthe:
Geburtsstadt von Victor Klemperer.
(Aufnahme von 1926)

Am Abend meiner Geburt wurde das Gros der Kinder in das »Käthchen von Heilbronn« abgeschoben. Georg mit seinen knapp siebzehn Jahren hatte bereits das medizinische Studium in Halle begonnen. Man konnte damals noch im Gymnasium Klassen überspringen; er war stark begabt, und Vaters leidenschaftlicher Ehrgeiz hatte ihn vorwärtsgedrängt. Auch Felix war wohl um jene Zeit nicht zu Hause. Sein spöttisches und Vaters unbeherrscht heftiges Wesen paßten nicht gut zueinander; als der Sekundaner in seinen Schulleistungen nachließ und unerlaubt mondäne Neigungen offenbarte, wurde er kurzerhand zu einem Berliner Seidenhändler in die Lehre gegeben. Eine Versöhnung muß aber bald darauf zustande gekommen sein. Vater wünschte glühend, daß seine Söhne zu wissenschaftlichen Ehren gelangen sollten, und Felix wollte nicht hinter Georg zurückbleiben; er ist bald zur Schule zurückgekehrt und hat sein ärztliches Studium nur wenige Semester später als Georg beendet. Für meine frühe Vorstellung bilden die beiden eine unzertrennliche Einheit: Sie sind »die großen Jungen«, die aus der großen Welt als geehrte Gäste auf kurze Feiertage nach Hause kommen.

Curriculum vitae, Bd. 1, S. 14ff.

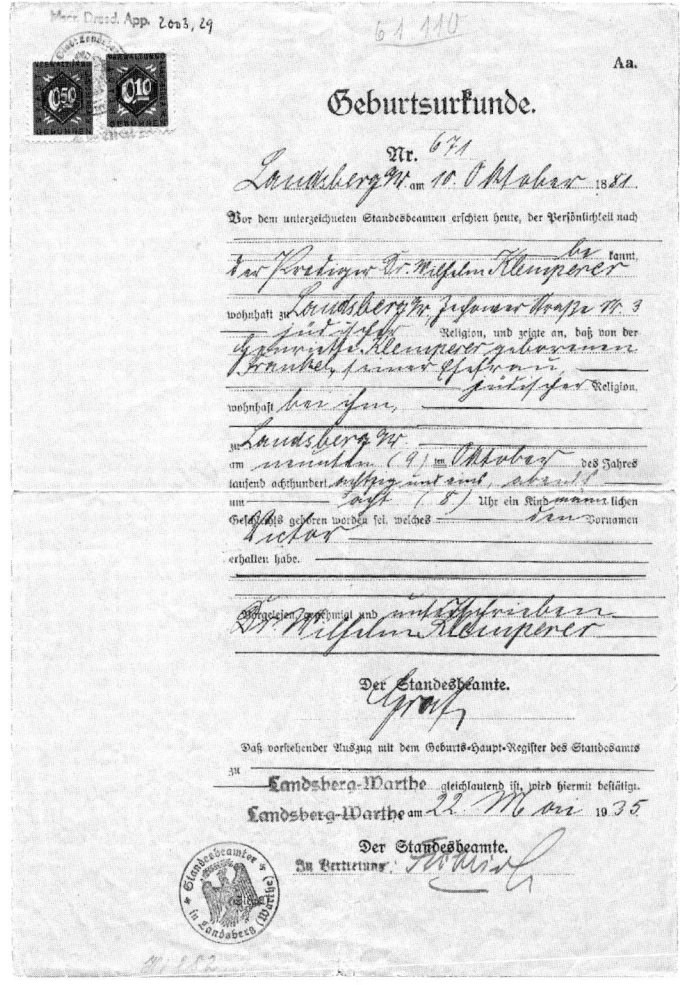

3. Geburtsurkunde Victor Klemperers

6

Es gibt ein Gruppenbild meiner sämtlichen Geschwister, etwa ein Jahr vor meiner Geburt aufgenommen, steif, wie man damals photographierte, aber unverwischt und in der verkleinerten Kopie, die einer meiner Neffen vor der Diaspora herstellte, höchst lebendig.

Curriculum vitae, Bd. 1, S. 62

4. Die Geschwister.
Obere Reihe von links: Wally,
Georg, Grete, Felix; untere
Reihe: Berthold, Hedwig,
Marta (um 1880)

In einer angesehenen Klosterschule hatte Mutter das übliche Wissen der damaligen höheren Töchter erhalten. Im Umgang mit Vater hat sie dann dieses Bildungsmaß entschieden überschritten. Er hat vor ihrer geistigen Begabung immer Respekt gehabt, er hat nie eine Predigt gehalten, die er ihr nicht vorher vorgelesen und skizzierend berichtet hätte, er hat ihre gern etwas preziös angehauchten Briefe immer bewundert. Als junge Frau versuchte sie ein paarmal, freilich vergeblich, Novellen in einem Familienjournal unterzubringen, nicht aus literarischem Ehrgeiz, sondern um ihr Wirtschaftsgeld zu vergrößern. [...] Sie war eine kleine, dicke Hausfrau, meist in der Küche, wenn sie nicht zum Anhören einer Predigt in das Studierzimmer gerufen wurde, ganz auf das Praktische und Alltägliche gerichtet, früh gealtert, gallen- und herzleidend, dabei aber zählebendig und von einer merkwürdigen, beinahe animalischen Unbekümmertheit des Gemütes, mit der sie Bedrückliches unbegreiflich schnell und vollkommen von sich abschüttelte.

Curriculum vitae, Bd. 1, S. 19f.

5. Die Mutter: Henriette, geb. Frankel, mit dem ersten Kind, Georg (um 1865)

6. Der Vater: Wilhelm Klemperer (1884). Rabbiner in Landsberg, ab 1885 in Bromberg

Vater, 1839 geboren, [...] war der Sohn eines Lehrers und Gemeindebeamten. Klemperer, ein in Böhmen verbreiteter Judenname, hat nichts mit dem Handwerk des Klempners zu tun, sondern bedeutet »Klepperer«, Klopfer, das heißt den Mann, der morgens an die Fenster der Gemeindemitglieder klopft und sie zum Frühgebet weckt. Ältester und Begabtester von mehreren Geschwistern, wurde mein Vater mit einiger Selbstverständlichkeit zum Studium und mit absoluter Selbstverständlichkeit zum Studium der Theologie bestimmt. [...] Gleich nach dem Examen und der Promotion fand Vater den Landsberger Posten [...].
Er fühlte sich ganz als Deutscher, als Reichsdeutscher. [...] Daß es eine Spannung zwischen seinem Deutschtum und seinem Judentum, seiner Pflicht als Rabbiner, geben könnte, darauf ist Vater, mindestens in Landsberg, sicherlich niemals verfallen.

Curriculum vitae, Bd. 1, S. 17–21

Berlin 17. 10. 01

Sehr geehrter Herr Collega!

[handschriftlicher Brieftext in deutscher Kurrentschrift, größtenteils schwer lesbar]

7. Brief Wilhelm Klemperers an Rabbiner Dr. Elsaß in Landsberg

Berlin 17. 10. 01

Sehr geschätzter Herr College!

Gern komme ich Ihrem Wunsche nach. Eine Skizze meines Lebensganges ist leicht zu geben. Geboren in Prag am 30. Maerz 1839 als Sohn des berühmten Talmudisten Abr. Klemperer (z. l. verst. 87) wurde ich früh dem Talmudstudium zugeführt. Nach Absolvierung des Gymnasiums kam ich durch Vermittlung meines großen Lehrers Rappaport ans Breslauer Seminar, woselbst ich volle sieben Jahre, zugleich die Universität besuchend, weilte. Im Jahre 1863 als vierter der am Sem. ausgebildeten Rabb. mit dem Hatarat Ha entlaßen, wurde ich im Maerz 64 in Landsberg gewählt und wirkte daselbst volle einundzwanzig Jahre bis ich 1885 nach Bromberg berufen und dann 1891 hierher kam. Dies der Gang meines äußeren Schicksals. An Arbeiten veröffentlichte ich 1866 einen Band Predigten, 1877 einen größeren literar-histor. Vortrag über Christian Thomasius, kann aber diese beiden Ihnen ebensowenig einsenden, als meinen hier in Berlin gehaltenen Vortrag über »Voltaire und die Juden«, da ich selber zu meinem lebhaften Bedauern von diesen drei Arbeiten nur ein Exemplar besitze. Wohl aber erhalten Sie anbei ein Heft meiner Gnomologie, an der ich fortarbeite. Erwähnt mag noch werden, daß ich in Sonnenscheins »homilet. Zeitschrift« (1867) und dann auch im Rahmer'schen Magazin Predigten abdrukken ließ – das wäre alles. Ueber den sel. Dr. Meichnau weiß ich auch nichts bestimmtes, erinnere mich aber, gehört zu haben, daß derselbe nach Riga als Rabb. berufen wurde. Die Gemeinde daselbst wird Ihnen gewiß gern die gewünschte Auskunft erteilen. Mit dem Wunsche, daß Ihre Arbeit Ihren Wünschen völlig entspreche, bliebe ich Sie bestens grüßend

Ihr ganz ergeb. Dr. Klemperer
Gossowstr. 4.
Wilhelm Klemperer an Rabbiner Elsaß in Landsberg

Ich habe aus der Bromberger Zeit fast
gar keine Natureindrücke, fast gar
nichts Räumliches und Farbiges zurück-
behalten […]. Dafür leben zwei Gerüche
von damals in mir fort, […] daß mir die
körperlose Stadt und das Wort Bromberg
nach ihnen riechen. Irgendwo an der
Brahe sind große Poststallungen, und
dort riecht es immer […]ein klein bißchen
widerlich, aber doch auch ganz ange-
nehm nach nassem Pferdemist. Und irgendwo ist der Voigtsche Garten – […]
an den Bäumen hingen, auf dem Rasen
lagen große, glatte, feste weiße Äpfel,
ich durfte manchmal von ihnen essen,
ich roch sie immer, und gerade dieser
Geruch […] ist mir für alle Zeit die Vorstellung des Apfels, gewissermaßen das
platonische Ideal des Apfels geblieben.
Curriculum vitae, Bd. 1., S. 26f.

8. Bromberg: Hier lebte die
Familie von 1885 bis 1891

Von unserm Wohnen in Bromberg
weiß ich fast nichts, von unsrer ersten Berliner Wohnung alles, jede Einzel-
heit intra et extra muros. Ich sagte mir
die Adresse mit großstädtischem Stolz in
postalischer Exaktheit her: Berlin NW,
Albrechtstraße 20. Offenbar war diese
Wohnung gemietet worden, weil sie in
fast gleichem und gleich geringem Ab-
stand von Vaters und Georgs Amtsstätte
lag. Ein paar Straßenzüge vor der Front
unseres Hauses befand sich die Charité,
ein paar Straßenzüge hinter seiner Rück-
seite, in der gassenartig schmalen, von
der brausenden Friedrichstraße abzwei-
genden Johannisstraße das Gotteshaus
der jüdischen Reformgemeinde.
Curriculum vitae, Bd. 1, S. 47

BERLIN N.W.   Albrechtstrasse.

9. Berlin: Albrechtstraße um
1900. – Die erste Wohnung war
in dem heute nicht mehr vor-
handenen Haus Nr. 20.

10. Weidendammer Brücke
1897

Wenn ich jetzt Mutter beim Einkau-
fen begleitete, so holten wir das
Fleisch in aller Publizität vom Schlächter
Werner in der Markthalle dicht an der
Weidendammer Brücke und den Schin-
ken aus Kruschels Delikatessenhandlung
in der Luisenstraße. Kruschels stärkste
Anziehungskraft bestand für mich in der
unmittelbaren Nachbarschaft des Konfi-
seurs Etzel. In dessen üppigem Laden
gab es so herrliche Marzipanstangen mit
Schokoladenüberzug und so wunderbare
Borkenschokolade.

Curriculum vitae, Bd. 1, S. 55

13

Das würdige Gotteshaus in der abgelegenen, engen Johannisstraße, bildlos, aber von harmonischer Farbenwirkung, die Wandflächen mit Schriftworten in der Ursprache bedeckt, füllte eine andächtige Gemeinde. [...] Dann betrat Dr. Wilhelm Klemperer in Talar und Bäffchen die obere Kanzeltribüne vor dem rothverhangenen Schrein mit den heiligen Rollen und hielt die Predigt, die heute ganz besonders der ziemlich zahlreichen Jugend galt, welche ihrem Lehrer sehr aufmerksam folgte. Klemperer ist eine würdige, sympathische Priestererscheinung [...]. Er macht einen väterlichen Eindruck; schon nach wenigen Minuten hat man das warme Gefühl: zu Dem könnte man in Herzensangelegenheiten Vertrauen haben! Er ist der Freund seiner großen Gemeinde; sein Amt ist das köstliche Amt eines Hausfreundes – das klang mir aus jedem seiner Worte entgegen, die er mit schlichter, natürlicher Beredtsamkeit an die Versammelten richtete. [...] Klarheit und Sinnigkeit haben in dieser Persönlichkeit einen schönen Bund geschlossen. Er kämpft gegen allen hohlen Schein, er dringt überall auf helle, klare Nüchternheit des Innenlebens, auf Festigkeit und sittliche Tüchtigkeit.

Theodor Kappstein, Berliner Kanzelredner,
Neue Reihe. In: Der Zeitgeist. Beiblatt zum
Berliner Tageblatt

11. Haus der Jüdischen Reformgemeinde in der Johannisstraße, wo der Vater Zweiter Prediger war.

12. Wilhelm Klemperers 1894 erschienene Studie »Voltaire und die Juden«

13. »Collège Royal Français« – Französisches Gymnasium am Kronprinzenufer, das Victor Klemperer eine zeitlang besuchte

Alles, was im Elternhaus vorging, und die Atmosphäre des väterlichen Studierzimmers und sehr bald auch einige Bände aus Vaters Bibliothek wurden ungleich bestimmender für mich als alles, was mir die Schule beibrachte.
Und dabei besuchte ich doch eine höchst eigenartige Anstalt, und ihre Sondernatur hat den engsten Bezug zu meinem Beruf und meinem Spezialfach: denn ich wurde Schüler des Französischen Gymnasiums, und wenn ich nach langem Tasten schließlich doch etwas einigermaßen zustande gebracht habe, so sind es meine Arbeiten zur französischen Literaturgeschichte.

Curriculum vitae, Bd. 1, S. 68

14. Brandenburger Tor und Pariser Platz 1910: In dessen Nähe befand sich das Französische Gymnasium.

Das Französische Gymnasium ist unter dem Großen Kurfürsten als Lateinschule für die Kinder der Refugiés gegründet worden. So war hier die Unterrichtssprache im Anfang natürlicherweise das Französische. Daraus entwickelte sich nun die Eigenart des Instituts. Auch als es keine von Haus aus französischen Schüler mehr hatte und als es längst in fast allen Punkten den Lehrplan der übrigen preußischen Gymnasien befolgte, verharrte es beim Gebrauch der französischen Unterrichtssprache. Das heißt [...], von der Untertertia an wurde alles mit Ausnahme des Deutschen französisch unterrichtet: Die Lehrbücher der Mathematik und der Geschichte, die lateinische und griechische Grammatik waren in französischer Sprache abgefaßt. Cäsar und Xenophon wurden ins Französische übersetzt

Curriculum vitae, Bd. 1, S. 75

15

Wir wohnten jetzt in der Winterfeldtstraße. Sie zweigt von der Potsdamer Straße ab, dicht an der Schöneberger
Grenze, aber noch zu Berlin gehörig und
beinahe noch zu dem, was heute »der alte
Westen« heißt und damals eine betont gutbürgerliche, beamtenhaft solide Wohngegend war. Mir brachte der Umzug die
Wonne eines Schülerabonnements auf
der Pferdebahn. Für drei Mark im Monat
durfte man mit einer solchen Schülerkar-
te an allen Schultagen bis sieben Uhr
abends jede Linie benutzen. In den ersten
Wochen bin ich stundenlang kreuz und
quer durch Berlin gereist, immer vorn
beim Kutscher, die flatternden Pferde-
schwänze vor mir und Pferdehaare auf
den Ärmeln.
Curriculum vitae, Bd. 1, S. 90

17. BERLIN, W.
Winterfeldt- Ecke Potsdamer Str.

15. 1896 zog Familie Klemperer
in die Winterfeldtstraße 26¹.

Das Friedrichs-Werdersche Gymnasium war in dem riesigen, nüchternen roten Backstein-Viereck hinter dem
Lustgarten untergebracht. Vorn an der
Dorotheenstraße lag das Gymnasium,
hinter dem gemeinsamen, nur durch einen Strick halbierten Hof eine Realschule.
[...] Der Unterricht war ein auf das Praktische gerichteter Massenbetrieb, es han-
delte sich darum, möglichst viele der
Herde zur Versetzung fertigzumachen,
ihnen das strikt Notwendige des vorgeschriebenen Pensums beizubringen. [...]
Es wurden keine hohen Ansprüche an
mich gestellt, und ich fühlte mich in dieser mittelmäßigen Masse wohlgeborgen.
Curriculum vitae, Bd. 1, S. 130f.

16. Victor Klemperer wechselte 1896 in das Friedrichs-
Werdersche Gymnasium.

17. 1897 begann Victor Klemperer eine Kaufmannslehre in der Alexandrinenstraße 2. (Aufnahme von 1997)

Löwenstein & Hecht, Kurz- und Galanteriewaren-Export, Alexandrinenstraße 2, bei denen ich im Frühjahr 1897 als Lehrling eintrat, klebten auf jeden Karton ihr ausdrucksvolles Namensbildnis. [...]

Vorderhand füllte mich der neue Beruf vollkommen aus, und ich war beinahe vollkommen glücklich. Die Arbeit, nicht ganz mechanisch und eintönig, aber doch ohne jeden Anspruch an den Geist, machte mir Vergnügen. Und wie gesagt: Ich war auch stolz auf sie. Ich wurde ja nun Kaufmann, ich spürte dies Werden ganz deutlich. Ich trieb mit dem Ausland Handel, ich leistete bezahlte Arbeit – fünfzehn Mark eigenverdientes Geld! –, ich ging nicht mehr am Gängelband der Familie.

Curriculum vitae, Bd. 1, S. 136/146f.

18. Blücherplatz mit Blick zum Belle-Alliance-Platz. (Aufnahme von 1902)

Es war gewiß durch die Gewerbeausstellung verursacht, daß die erste Berliner elektrische Trambahn vom Zoologischen Garten nach Treptow fuhr. Durch ihr Tempo, ihre Größe und ihre massive Form wirkte sie der Pferdebahn gegenüber imposant. Immerhin waren deren übliche Wagen, besonders die zweistöckigen, ganz ansehnliche Gefährte; daneben aber gab es noch auf einigen Linien die kleinen Einspänner, und einer dieser Zwerge trottete grünbeschildert vom Zoologischen Garten zum Alexanderplatz und hatte den längsten Teil seiner Stadtstrecke mit der neuen Elektrischen gemeinsam. Nun war es ein Auftakt meines Freiheitsgenusses, auf der Elektrischen wie im Schnellzug durch die Bülowstraße zu jagen.

Curriculum vitae, Bd. 1, S. 135

19. Von 1900 bis 1902 besuchte Victor Klemperer das Königliche Gymnasium in Landsberg.

Die Landsberger Schulen, nicht nur das Gymnasium, wurden vielfach von Schülern aus der nähern und weitern Umgebung besucht; sie in Pension zu nehmen war ein Erwerbszweig wie das Vermieten von Studentenzimmern in Universitätsstädten. Unter den Schülern galten die bunt bemützten Gymnasiasten als besonders fein, und unter den Gymnasiasten ragten die Primaner hervor. Weiße Schirmmützen mit breitem, schwarzem Sammetstreifen, das waren die Primaner, drei Goldlitzen auf dem Streifen bezeichneten die Unter-, zwei die Oberprima. Jedermann wußte das. Die Primaner waren fast schon Herren, fast schon Studenten, jedenfalls gültiger Studentenersatz der kleinen Stadt.

Curriculum vitae, Bd. 1., S. 211

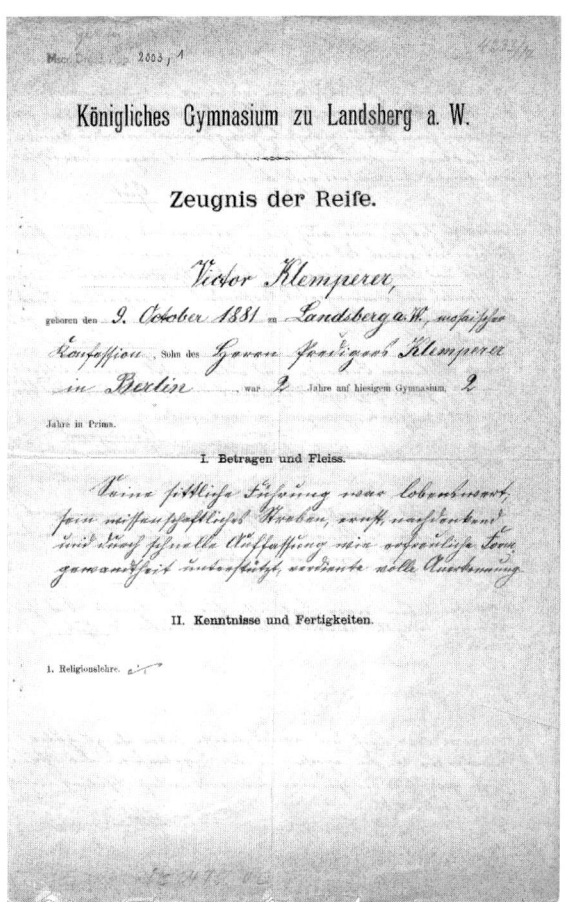

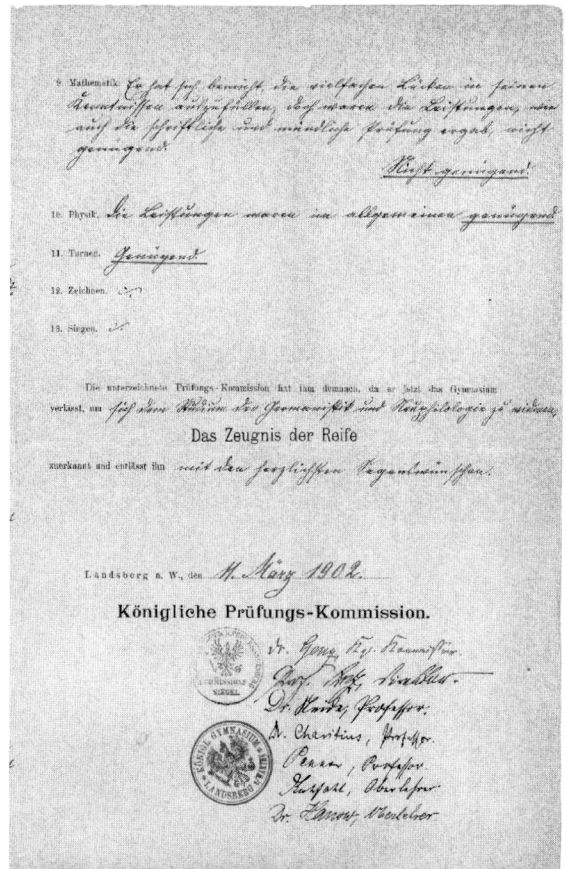

20. Das Reifezeugnis

21. Berthold Klemperer,
der ältere Bruder Victor
Klemperers

Berthold war damals schon ein vielbeschäftigter Anwalt. Er galt später als einer der besten Fachleute für Zivilsachen. Das Pathos der Kriminalverteidiger lag ihm gar nicht, er nannte ihre Tätigkeit »juristisch uninteressant«. Er wurde der Vertrauensmann großer Firmen, er brachte es zu bedeutendem Vermögen, er erhielt relativ frühzeitig den Titel Justizrat. [...] Seit meiner Versetzung nach Oberprima bildete sich zwischen uns eine Gepflogenheit, die wir meine ganze Studentenzeit über bestehen ließen. Sooft ich in Berlin war, holte ich ihn um halb drei aus seiner Wohnung ab, und wir gingen zu Hillbrich in der nahen Leipziger Straße. (Nie wieder, soviel ich herumgesucht und herumprobiert habe, bin ich seither dem beglückenden Vanillegeschmack begegnet, der den Kaffee dort auszeichnete.) [...] Er war oft so abgespannt oder so präokkupiert, daß wir kein Wort miteinander sprachen, sondern jeder unsere Zeitung lasen. [...] Er erzählte mir nie etwas aus seinem Beruf oder von seinen Privatangelegenheiten. Er wollte auch von mir nichts Intimes hören. Er liebte es nicht, daß man »sich ausspreche«; dabei gehe nur die Haltung verloren, das schicke sich sowenig wie eine Umarmung zwischen Brüdern. Wir sprachen von Politik, von einem Theaterstück, von Büchern, von etwas Allgemeinem. Was er sagte, war nie unbegründet, aber er hielt sich immer streng an das, was gerade als angemessen, als »gutbürgerlich«, als »gebildet« galt.

Curriculum vitae, Bd. 1, S. 239f.

Am 18. April holte mich Schönrock in Berlin ab, und am Nachmittag fünf Uhr acht, mit einer gewissen Feierlichkeit von den Eltern, Berthold und Marta geleitet, fuhr ich zum Anhalter Bahnhof hinaus nach München. Der Schnellzug brauchte damals für die Strecke sehr reichliche vierzehn Stunden [...]. Sofort vom Bahnhof fuhren wir zur Universität und lachten uns beglückt an, wenn wir ein Dialektwort des Schaffners oder der Fahrgäste auffingen. Am Schwarzen Brett stellte ich mit aufrichtigster Betrübnis fest, daß die Vorlesungen meiner Fakultät erst am 28. April begannen. Tröstlich wirkte, daß die Immatrikulation, also die wirkliche Studentwerdung, schon auf den 22. angesetzt war. Dann gingen wir auf Wohnungssuche. [...]
Neun allzulange Tage nach der Ankunft begannen endlich meine Vorlesungen. Vorher hatte ich nur einmal eine Stunde bei Lujo Brentano zugehört, demselben, der mich bei der Immatrikulation als Rektor durch Handschlag zum »Kandidaten der Germanistik« erhoben hatte [...].
Curriculum vitae, Bd. 1, S. 264 und 267

Mein Munckerheft ist vollgeschrieben, auch das Öhmichenheft hat einigen Umfang, und etliche Seiten habe ich sogar bei von der Leyen notiert. Unter diesen drei Männern ist Franz Muncker der einzige, der über den Fachkreis hinaus Ansehen erlangt und der auch tatsächlich eine gewisse Allgemeinwirkung auf die deutschen Gebildeten ausgeübt hat. [...] Er ist nicht eng, er ist auch viel zu warmherzig, um trocken zu sein, und wiederum ist er viel zu reich an konkreten Einzelheiten, um in seiner Begeisterung verschwommen zu wirken.
Curriculum vitae, Bd. 1, S. 270

22. München: Ludwig-Maximilians-Universität – 1902 begann Victor Klemperer, in München Germanistik zu studieren.

23. Franz Muncker, Professor für deutsche Literaturgeschichte an der Münchner Universität (1894)

24. »Der junge Voltaire«,
Zeichnung von Maurice
Equisse de la Tour

Mein Genfer Alltag hat ganz und mit starker Konzentration dem Studium der französischen Literatur gehört. [...] Ins Zentrum dieser Studien hatte sich allmählich immer entschiedener Voltaire gedrängt. [...] Ich liebte den ganzen Mann. Später hat er sich bei mir in diese Liebe mit einer von Jean de Meung an durch acht Jahrhunderte reichenden Kette französischer Autoren teilen müssen. Aber im Grunde liebe ich in ihnen allen den einen Voltaire. Und je verächtlicher sich meine Zeit von dem für Voltaire Entscheidenden, von den Ideen des Liberalismus und der Aufklärung abgewandt hat, mit um so größerer Liebe habe ich an ihm festgehalten.

Curriculum vitae, Bd. 1, S. 316

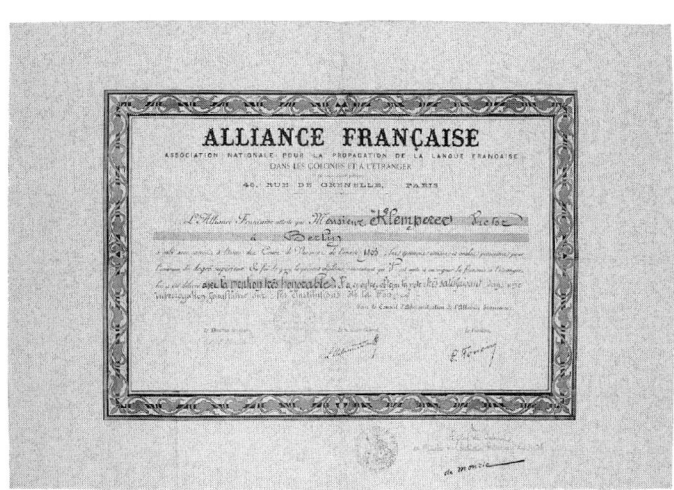

25. Diplom der Alliance
Française – An der Sorbonne
und der Alliance Française in
Paris setzte Victor Klemperer
1903 seine Studien fort

Ich hatte auf meinen Stadtwegen zufällig das Haus der Alliance Française neben der Kirche Saint Germain des Prés entdeckt und die Ankündigung ihres Julikurses gelesen. [...] Man wurde einen Monat lang etwa fünf Stunden täglich teils durch Universitätsdozenten, teils durch Gymnasiallehrer auf hochschulmäßige Weise unterrichtet. Bestand man danach die schriftliche und mündliche Abschlußprüfung, so erhielt man ein Diplom als Auslandlehrer des Französischen.

Curriculum vitae, Bd. 1, S. 343

Waren wir abends zusammen, so gingen wir zu einer leichten Unterhaltung. Wunderhübsch und elektrisierend neuartig und frisch war das Sousa-Konzert im Théâtre nouveau. Mit der von ihm komponierten »Washington Post« brachte Sousa wohl als einer der ersten und wirkungsvollsten die amerikanische Tanzmusik in die kontinentale Mode. Neuartig wie die Musik war auch die groteske Komik des Vortrags. Der Kapellmeister dirigierte mit wuchtigem Eifer ein großes Orchester, das aus vielen leeren Stühlen und einem einzigen Bläser bestand. Nach ein paar Takten stürzten aus den Seitenkulissen, ihre Instrumente schwingend, ein paar Musiker, rannten auf ihre Plätze und fielen ein. Danach erschienen, einzeln und in Grüppchen, allmählich die übrigen; sie traten schon blasend auf, einige mit stürmischem Trompetenschall marschierend, andere träumerisch vor sich hin dudelnd.

Curriculum vitae, Bd. 1, S. 338

26. Gastspiel des amerikanischen Militärmusikers Sousa in Krolls Garten in Berlin – Victor Klemperer erlebte die Kapelle in Paris.

Wo gehörte ich hin? [...] Ich gab mir das Wort, die Zähne aufeinanderzubeißen, mich an das verhaßte Examen so rasch wie möglich heranzuarbeiten und nichts, nicht das geringste andere zu unternehmen, ehe ich es nicht hinter mich gebracht hätte. –

Curriculum vitae, Bd. 1, S. 347–353

27. 1903 wechselte Victor Klemperer an die Berliner Universität, wo Erich Schmidt, Professor für Germanistik war.

Ich habe sehr gern bei Erich Schmidt und Richard M. Meyer, den Professoren für neuere deutsche Literaturgeschichte, gehört; immer, auch wenn ich noch so präokkupiert zu ihnen kam, war ich von ihnen gefesselt.

Obwohl Schmidt das Ordinariat seines Faches innehatte und später auch einmal das Rektorat [...], galt er im engeren Fachkreis doch nicht als makellose Größe. [...] Sicherlich pflegte er sprechend wie schreibend die schöne Form ungleich mehr, als es unter deutschen Universitätsprofessoren üblich war. Aber alles bloße Schmuckwerk fehlte bei ihm genauso wie alles nackte Material; er wußte Menschen und Werke eindringlich zu charakterisieren.

Curriculum vitae, Bd. 1, S.354f.

Adolf Tobler war im Jahre 1904 ein königlich selbstbewußter und für die Masse der Studierenden unnahbarer Patriarch. [...] Er war ganz eisige Würde und unpersönliche Wissenschaft; seine Lehren fielen wie schwere kalte Tropfen aus Wolkenhöhe.

Curriculum vitae, Bd. 1, S. 359

28. Adolf Tobler, Professor für Romanistik an der Berliner Universität

Wir trafen uns wieder bei der Za-
rembska, eigentlich war es das erste Mal, und sofort war das Gefühl der
Zusammengehörigkeit da. Ich weiß nicht,
wovon wir den Abend über sprachen, von
deiner Musik oder vom »Schwesterchen«
oder vom Messerwerfen – ich weiß nur,
wir fühlten uns zusammengehörig. Später
wollte die gesamte Gesellschaft ins »Café
des Westens« ziehen; wir blieben instinktiv zurück, schlugen instinktiv die entge-
gengesetzte Richtung ein. Das Gespräch
stockte, und an einer dunklen und men-
schenleeren Stelle der Steglitzer Straße
küßten wir uns im Gehen. Zu einer Lie-
beserklärung kam es nicht – wozu Worte
machen über eine Selbstverständlichkeit
und eine altvertraute Sache? Wir wußten
ja seit Stunden, was wir da besiegelten.
Curriculum vitae, Bd. 1., S. 382

29. Potsdamer Platz 1903 –
Im Juni 1904 lernte Victor
Klemperer die Pianistin Eva
Schlemmer kennen.

30. Berlin: Hochbahnstrecke
an der Dennewitzstraße –
Nach der Heirat am 16.5.1906
bezogen Victor und Eva Klemperer eine Wohnung in dieser
Straße.

Aber ganz geglückt war es uns doch nicht, unsere Trauung geheimzuhalten. Wir hatten nicht mit den Möbel- und Wäschehändlern gerechnet, die sich um die aushängenden Aufgebote kümmern und den Brauteltern Offerten schickten. So war deine Mutter durch eine Flut von Katalogen benachrichtigt worden. Sie hatte sich uns gegenüber nichts anmerken lassen und erschien nun am Mittag des Sechzehnten überraschend als Gratulantin in der Dennewitzstraße. Da kam denn doch noch eine Feier zustande, richtiger: eine Hochzeitsreise in Begleitung der Schwiegermutter. Wir studierten die »Morgenpost« und fanden unter den Vergnügungsanzeigen, daß ein Dampfer »mit Musik« um drei von der Jannowitzbrücke in die Märkische Schweiz nach Zwiebusch fahre und vor Mitternacht zurück sei. Das Schiffchen war dicht besetzt mit kleinbürgerlichem Publikum, und Menschen und Musik vollführten einen großen Lärm. Dennoch war es eine wunderhübsche, nein: eine romantische schöne Fahrt.

Curriculum vitae, Bd. 1, S. 405f.

31. Spree Richtung Jannowitzbrücke 1911 – Die Hochzeitsreise führte auf einem Dampfer in die Märkische Schweiz.

Königliches Standesamt Berlin *III*
Register-No. *400.*

Mscr. Dresd. App. *2003, 2*

D.

Gültig nur zum Zwecke der Trauung. (§ 82 des Gesetzes vom 6. Februar 1875.)

Bescheinigung der Eheschließung.

Zwischen dem *Schriftsteller Victor Klemperer,*

wohnhaft in *Berlin,*

und der *Zirmistin Elisabeth Gerdnaughin Schlemmer,*

wohnhaft in *Berlin,*

ist vor dem unterzeichneten Standesbeamten heute die Ehe geschlossen worden.

Berlin am *16. Mai* 190*6*

Der Standesbeamte.

Koch

(Siegel)

(Unterschrift.)

Anmerkung. Das Reichsgesetz über die Beurkundung des Personenstandes und die Eheschließung vom 6. Februar 1875 bestimmt in § 82: „Die kirchlichen Verpflichtungen in Beziehung auf Taufe und Trauung werden durch dieses Gesetz nicht berührt."

32. Urkunde der Eheschließung

27

33. Arnold Schönberg: »Der verlorene Haufen«, Ballade für Gesang und Klavier, op. 12. nach einem 1906 veröffentlichten Text von Victor Klemperer

Der verlorene Haufen

Trinkt aus, ihr zechtet zum letztenmal,
Nun gilt es Sturm zu laufen;
Wir stehn zuvorderst aus freier Wahl,
Wir sind der verlorene Haufen.

Wer länger nicht mehr wandern mag,
Wes Füße schwer geworden,
Wem zu grell das Licht, wem zu laut der Tag,
Der tritt in unsern Orden.

Trinkt aus, schon färbt sich der Osten fahl,
Gleich werden die Büchsen singen;
Und blinkt der erste Morgenstrahl,
So will ich mein Fähnlein schwingen.

Und wenn die Sonne im Mittag steht,
So wird die Bresche gelegt sein;
Und wenn die Sonne zur Rüste geht,
Wird die Mauer vom Boden gefegt sein.

Und wenn die Nacht sich niedersenkt,
Sie raffe den Schleier zusammen,
Daß sich kein Funke drein verfängt
Von den lodernden Siegesflammen!

Nun vollendet der Mond den stillen Lauf.
Wir sehen ihn nicht verbleichen.
Kühl zieht ein neuer Morgen herauf –
Dann sammeln sie unsere Leichen.

                                    Victor Klemperer

Das Jahrzehnt vor dem Weltkrieg war eine gute und die letzte gute Zeit für den literarischen Journalisten. [...] Immer wieder durchstreifte ich das Zeitungsquartier um den Spittelmarkt, fuhr ich zu den über ganz Berlin und die Vororte verstreuten Redaktionen der Zeitschriften und bot Themen an oder ließ sie mir stellen, froh, wenn ich mit einigen Aufträgen, verbittert, wenn ich erfolglos heimkam. Und wie oft wurde ich anfangs abgewiesen: Der Herr Doctor lasse bedauern, er müsse eben zur Redaktionssitzung, oder seine Sprechstunde sei heute überhäuft von vorgemeldeten Besuchern.

Curriculum vitae, Bd. 1, S. 414/416f.

34. Spittelmarkt 1909 – Von 1905 bis 1912 arbeitete Victor Klemperer als Publizist und Schriftsteller für die Feuilletons des Zeitungsviertels um den Spittelmarkt.

35. Friedrich Kayßler in der »Faust«-Inszenierung des Deutschen Theaters

Ins Theater, das für den Augenblick außerhalb der Berufspflicht lag, kam ich nur selten, aber die beiden größten Ereignisse der Spielzeit und größten Leistungen Reinhardts ließ ich mir doch nicht entgehen: im Oktober sahen wir den zweiten Teil des »Faust« im Deutschen Theater und kurz vor Weihnachten »Jedermann« im Zirkus Schumann. Die »Faust«-Aufführung, die um halb sieben begann und gegen Mitternacht endete, habe ich als großes Kunstwerk bewundert, aber erschüttert hat sie mich nicht oder doch nur in Einzelszenen. [...] Und so bedeutend auch Bassermann den Mephisto und so tüchtig Kayßler den Faust spielte und so großartig Reinhardts Regie Szene um Szene gestaltete: Das alles war doch nicht der »Faust« selber und war auch kein in sich geschlossenes Ganzes, sondern bloß die allzu üppige und allzu körperliche Bilderfolge zu einer Gedankendichtung, die sich völlig nur der langsamen und wägenden Lektüre erschließt.

Curriculum vitae, Bd. 1, S. 579f.

36. Berthold Klemperer zu Besuch bei seinem Bruder Georg und dessen Familie – Von links: Berthold, Otto (dahinter stehend), Hans, Friedrich, Georg, Georg jun., Maria Klemperer und der Geiger Carl Flesch

Die große Trauer um ihn sollte ich erst viel später kennenlernen, als ich Erfolge hatte, die ihn beglückt hätten und die nun für ihn zu spät kamen.

Curriculum vitae, Bd. 1, S. 601

37. Das Grab von Henriette und Wilhelm Klemperer auf dem Jüdischen Friedhof Berlin-Weißensee. Der Vater starb am 12. Februar 1912. (Aufnahme von 1997)

31

Zweites Kapitel
1912–1918

Ich war von der Schule fortgelaufen und hatte als Kaufmann
versagt, ich war Student geworden und hatte kein Examen zu-
wege gebracht, ich hatte mich als Dichter versucht und war ge-
scheitert, ich hatte mich als Publizist durchbringen wollen und
war im halben steckengeblieben, seelisch nur halb befriedigt
und wirtschaftlich nur halb auf eigenen Füßen.
Curriculum vitae

1912/13	Balkankriege
1914	28. 6. Attentat auf den österreichischen Thronfolger Franz Ferdinand in Sarajewo
	1./3. 8. Kriegserklärung Deutschlands an Rußland und Frankreich
1915	Erstmals Einsatz von Giftgas an der Westfront
1916	Schlacht um die Festung Verdun
1917	1. 2. Uneingeschränkter U-Boot-Krieg
	6. 4. Kriegseintritt der USA
	2. 11. Balfour-Deklaration Großbritanniens zu Palästina
	7. 11. Oktoberrevolution in Rußland, Errichtung der Sowjetrepublik
1918	3. 3. Friede von Best-Litowsk zwischen Sowjetunion und Deutschem Reich mit seinen Verbündeten
	21. 3. Beginn der deutschen Frühjahrsoffensive
	26. 10. Entlassung des Generalstabschef Erich Ludendorff
	29. 10. Beginn der Matrosenaufstände, Bildung von Arbeiter- und Soldatenräten
	9. 11. Abdankung des Kaisers Wilhelm II., Ausrufung der Repu- blik, Übertragung der Regierungsgeschäfte an Friedrich Ebert
	10. 11. Bildung des Rates der Volksbeauftragten als 1. proviso- rische Regierung der Republik
	11. 11. Unterzeichnung des Waffenstillstands bei Compiègne

38. München: Stachus.
(Aufnahme von 1908)

SUB AUSPICIIS GLORIOSISSIMIS
AUGUSTISSIMI AC POTENTISSIMI DOMINI DOMINI

OTTONIS
BAVARIAE REGIS

COMITIS PALATINI AD RHENUM BAVARIAE FRANCONIAE ET IN SUEVIA DUCIS CET.

IN INCLYTA UNIVERSITATE LUDOVICO-MAXIMILIANEA MONACENSI

RECTORE MAGNIFICO
PLURIMUM REVERENDO AC DOCTISSIMO ET ILLUSTRISSIMO VIRO

CAROLO GAREIS

IURIS UTRIUSQUE DOCTORE IURIS CIVILIS GERMANICI ET IURIS GERMANICI HISTORICI PROFESSORE PUBLICO ORDINARIO
REGI BORUSSIAE AB INTIMIS IUSTITIAE CONSILIIS INSIGNI CLIPEATA LEITPOLDI PRINCIPIS BAVARIAE ARGENTEA
ATQUE ORDINIS MERIT. S MICHAELIS CRUCE HONORIS DECORATO ORDINIS MAGNIFICI HASE. PHILIPPI MAGNANIMI CL. I
NECNON ORDINIS XML BORUSSIAE AQUILAE RUBEAE CL. IV ET CORONAE CL. III EQUITE CET.

DOCTISSIMUS ET SPECTATISSIMUS VIR
FRANCISCUS MUNCKER

PHILOSOPHIAE DOCTOR HISTORIAE LITERARUM RECENTIORUM PROFESSOR PUBLICUS ORDINARIUS SEMINARII PHILOLOGIAE GERMANICAE PRAESES
ACADEMIAE REGIAE LITERARUM MONACENSIS SOCIES ORDINARIUS ORDINE MERIT. S MICHAELIS CL. III DECORATUS

FACULTATIS PHILOSOPHICAE SECT. I P. T. DECANUS ET PROMOTOR LEGITIME CONSTITUTUS

PRAECLARO ET PERDOCTO VIRO AC DOMINO

VICTORI KLEMPERER
LANDSBERGAE AD VARTUM NATO

EXAMINIBUS RIGOROSIS SUMMA CUM LAUDE SUPERATIS
DISSERTATIONE INAUGURALI SCRIPTA TYPISQUE MANDATA
„DIE ZEITROMANE FRIEDRICH SPIELHAGENS UND IHRE WURZELN"

DOCTORIS PHILOSOPHIAE GRADUM

CUM OMNIBUS PRIVILEGIIS ATQUE IMMUNITATIBUS EIDEM ADNEXIS
DIE XXX MENSIS IANUARII MDCCCCXIII
EX UNANIMI ORDINIS PHILOSOPHORUM SECT. I DECRETO CONTULIT

IN HUIUS REI TESTIMONIUM HOC PUBLICUM DIPLOMA SIGILLIS MAIORIBUS REGIAE LITERARUM UNIVERSITATIS ET FACULTATIS PHILOSOPHICAE ADIECTIS
FACULTATIS EIUSDEM DECANUS ATQUE RECTOR MAGNIFICUS UNIVERSITATIS IPSI SUBSCRIPSERUNT.

39. Promotionsurkunde –
1913 promovierte Victor Klemperer bei Franz Muncker mit einer Arbeit über Friedrich Spielhagen.

Überall [...] sagte ich nur, ich wollte ein kleines Erbe auf ein ruhiges Studienjahr und vielleicht [...] auf den Erwerb des Doktortitels verwenden [...]. Gleichzeitig hämmerte ich mir selber ein, mich durch keine Hoffnungen verlocken, durch kein freies Studium beirren zu lassen, vielmehr mit fest vorgebundenen Scheuklappen auf den armseligen Titel zuzutraben, den man damals bisweilen einen jüdischen Vornamen nannte und der dennoch, wie ich ja in den vergangenen Jahren oft genug verspürt, seinen Gesellschafts- und Marktwert besaß.
Curriculum vitae, Bd. 2, S. 7f.

Mscr. Dresd. App. 2003,3

Taufschein.

Nach Angabe des Tauf-Buches der *Dankes-Kirche*
hat *Viktor*
den am *9. Oktober* 1881 geborene *Sohn* des *Rentiers*
Dr. Wilhelm Klemperer
und seiner Ehefrau *Henriette geb. Fränkel*
am *22. März* 1912 das Sakrament der heiligen Taufe empfangen.
Die Taufzeugen waren: 1. *Frau Eva Klemperer*
2. *Herr Rechtsanwalt Berthold Klemperer*

Dieses wird hierdurch pfarramtlich bescheinigt.

Berlin, den *23. März* 1912

Jahrg.: *1912.*
Seite: *137*

Alberti,
Pfarrer,
Holzner,
Küster.

Lasset die Kindlein zu Mir kommen und wehret ihnen
nicht; denn solcher ist das Reich Gottes. Wahrlich Ich sage
euch: Wer das Reich Gottes nicht empfänget als ein Kindlein,
der wird nicht hineinkommen.   St. Marci 10, V. 14 u. 15.

Druck v. Franz Rosenthal, Berlin C.

Ich hatte 1906 meine Taufe rückgängig gemacht, weil ich mich im schroffen Gegensatz zum Strebertum meiner Brüder fühlte. Aber ich wußte jetzt genauer und schwankungsloser als damals, daß ich ein Zentrales dieses Strebertums ganz und gar mit ihnen teilte: den Willen zum Deutschsein.

Curriculum vitae, Bd. 2, S. 16

40. Nach dem Tode des Vaters trat Victor Klemperer endgültig zur evangelischen Kirche über.

41. Golf von Neapel aus Richtung Vesuv (1997) – 1914 ging Victor Klemperer als Privatdozent der Münchner Universität als Lektor für Deutsch an die Universität Neapel.

Ich will meinen politischen Erwägungen während dieses ersten Jahres in Neapel kein allzu großes Gewicht beilegen. Sie tauchten wiederholt auf; dafür sorgten schon der fast tägliche Vorbeimarsch, vielmehr das anmutige Vorüberlaufen exerzierender Bersaglieri, das häufige Erscheinen grauer Kreuzer und schwarzer Torpedos […] Aber dominiert haben diese Erwägungen keineswegs […]. Es gab soviel Schönes zu sehen, und wenn sich Häßliches dareinmischte, so war es ein malerisch Häßliches, und wenn Ungutes im Spiel war, so war es meist ein animalisch Ungutes, und man konnte die ethischen Urteile ausschalten wie bei Tieren und Kindern. Wer hätte noch an die Jämmerlichkeit der Fischverkäufer gedacht, wenn abends bei Fackelschein ge-fischt wurde und die Lichter still über der See schwebten, wenn bei Tage aus entfernt arbeitenden Booten der Wind Liederbrocken ans Ufer trug. […]
Vom ersten Tage an durchstreiften wir die Stadt, den Hafen, die Vororte […], und mit der im Baedeker als räuberisch gebrandmarkten Vesuvbevölkerung sind wir in freundschaftlichen Kontakt gekommen. Als die Leute merkten, daß wir nur halbe Fremde waren, daß wir ein bißchen ihre Sprache redeten, da galten wir ihnen nicht mehr als Ausbeutungsobjekte. Ein halbes Dutzend Führer und Händler saßen um uns herum, wenn wir Rast hielten, es wurde gemeinsam geraucht – mit welcher Grandezza nahmen sie unsere Zigaretten an und boten uns Feuer!
Curriculum vitae, Bd. 2, S. 114f.

U nter der Post, die wir bei der Rückkehr aus Sorrent vorfanden, war
auch jene Photographie von der Trauung
meines jüngsten Bruders gewesen [...].
Auf doppelte Weise peinigte mich dieses
Bild. Wie Berthold da, die Tochter des Generals als Braut am Arm, so krampfig die
Kirchenstufen hinunterschritt, war er mir
bitterfremd und die Verkörperung alles
dessen, was mich von meinen Geschwistern trennte. Ich wollte so unendlich
gern aus der Abhängigkeit von ihnen los,
und dazu sah ich nach so häufigem Scheitern nur noch den einen Weg zur Professur. Aber da war noch etwas, das mich
viel mehr quälte: Machte ich mich durch
diese Jagd nach dem Universitätskathe-
der nicht des gleichen Strebertums schuldig, das mir aus der Photographie entge-
genstarrte? Es gab nur eine Möglichkeit,
mich vor mir selber zu rechtfertigen: den
Ausweis einer wirklichen Leistung in
meinem neuen Beruf.

Curriculum vitae, Bd. 2., S. 158

42. Trauung von Klemperers
Bruder Berthold mit der Toch-
ter des preußischen Generals
Schott in der Berliner Kaiser-
Wilhelm-Gedächtniskirche
(1914)

43. Anny und Berthold Klem-
perer nach der Trauung mit
Familie. Sitzend: Anny und
Berthold. dahinter General
Georg Schott. Annys Schwe-
ster Maria. Annys Mutter.
Georg und Maria Klemperer

44. 1. Mobilmachung in München vor der Feldherrnhalle am 2.8.1914 – Victor Klemperer erlebte Mobilmachung und Kriegsausbruch wieder in Deutschland.

45. Vor dem Haus des Mosse-Verlages in Berlin wurden im August 1914 Extrablätter über den Kriegsausbruch verteilt.

Um zehn Uhr endlich saßen wir als letzte Gäste im Garten des Hotels »Zur Sonne«. Es war der 28. Juni. Der Kellner kam auf uns zugelaufen und rief: »Das Thronfolgerpaar ist in Sarajewo ermordet worden!« Ich sagte bedauernd: »Ach!« und fügte mit einem entschuldigenden Lächeln hinzu: »Aber wir haben furchtbaren Hunger.« Dann fragte ich meine Frau: »Verstehst du eigentlich die Erregung des Mannes? Ob er ein so großer Patriot ist? Es hat doch immer politische Morde gegeben, und soviel ich weiß, ist der ermordete Erzherzog gar nicht sonderlich beliebt gewesen.« – »Möglich«, erwiderte meine Frau, »daß der Kellner mit Krieg rechnet.« – »Krieg? Allenfalls eine Strafexpedition der Österreicher. Aber ich glaube es nicht, sie sind viel zu schlapp.« Nun kam das Essen und beglückte uns, und später sprachen wir noch ein Weilchen über Venedig.
Curriculum vitae, Bd. 2., S. 167

Ist es wirklich zu Ende mit dem Frieden? Der »erklärte Kriegszustand« bedeutet nach der Zeitung nur eine Vorbereitung der Mobilisation, noch nicht sie selber, also vielleicht nur letzte Drohung und Pression. [...] Es berührte mich gestern wie eine Theaterszene auf offener Straße [...]: Trommelwirbel, ein paar Helme, ein ausgebreitetes Blatt, ein zusammenströmender Menschenkreis, lautes und eiliges Verlesen – Verkündung des Kriegsrechts, der kommandierende General regiert.
1. August 1914

46. Ausmarsch eines Infante-
rieregiments am 2.8.1914

Aus Berlin wurde neulich auch etwas berichtet, was ich früher nicht für deutsche Art gehalten hätte. Als der Sieg von Mühlhausen mitgeteilt wurde, marschierte gerade ein Regiment durch die Linden. Es trug rote Rosen und Schwertlilien im Gürtel und in den Gewehrläufen. Soldaten warfen Blumen ins Publikum, andere setzten kleinen Jungen, die sich in die Glieder drängten, ihre Helme auf, gaben ihnen ihre Gewehre zu tragen, ließen sie mitmarschieren.

13. August 1914

47. Victor Klemperers Mutter
mit ihrer Tochter Wally (1915)

Zu Haus fand ich überall, sogar bei der sonst ganz unpolitischen und nur auf ihre Familie gerichteten Mutter, die stärkste vaterländische Anteilnahme. Von Felix, der eben »in einer Erdhöhle vor Wirballen« hauste, kursierten menschlich hübsche Briefe, wie ich sie ihm nie zugetraut hätte, in zwei Tonarten: an seine Frau schrieb er humorvoll und idyllisch, an Georg ernsthafter; ein Unterarzt war neben ihm gefallen, einem Verwundeten der Kopf abgerissen worden, während er an seinem Arm flickte. Aber beiden Briefarten war jenes »der Krieg erhebt mich« gemeinsam. Er trug bereits das Eiserne Kreuz, das um diese Zeit noch eine geschätzte Auszeichnung war, und erwarb das EK I nicht sehr viel später hinzu. Georg hatte den Titel eines beratenden Arztes des Gardekorps erhalten und zeigte mir die Baracken, die in seinem Moabiter Krankenhaus als Seuchenlazarett hergerichtet wurden. Er hatte eine Viertelmillion für die Kriegsanleihe gezeichnet [...] Wally stickte zu Sußmanns Geburtstag ein Kissen mit schwarzroter Umrahmung und dem Reichsadler als Mittelstück und zeigte mir stolz die Schulprämie ihrer Lotte: »Kriegsreden und Aufrufe unseres Kaisers.«

Curriculum vitae, Bd. 2., S. 216f.

Jetzt haben wir ein tüchtiges Ministe-rium. Wir rüsten, und im Frühjahr schlagen wir los.« – »Gegen wen?« – »Ma Signore! (Tonfall: Wie kann man nur so kindlich fragen?) Contro l'Austria; è cosa naturale.«

Das war die erste vox populi, die ich diesmal in Italien vernahm.

Wir hatten reichlich Zeit und reisten in Etappen.

Für Florenz stand wie gesagt ein langer Studienaufenthalt in unserm Programm. [...] Als wir 1920 nach Dresden kamen, war der Ausdruck »Elbflorenz« schon längst abgegriffen und sozusagen aus dem Verkehr gezogen; aber in all den zwanzig Jahren, seit wir hier wohnen,

habe ich ihn mir innerlich oft und oft wiederholt und ihn immer berechtigter gefunden als manchen ähnlichen Vergleich. Einmal ist es der grüne Hügelrahmen, der ihn herausfordert, und zum andern die Mischung aus Groß- und Kleinstadt, aus fast zierlicher Eleganz und imposanter Würde, aus museumshafter Gepflegtheit und natürlich fließendem Leben. An Florentiner Einzelbildern sehe ich spontan nur den Dom und den Camposanto vor mir. Der Dom und insbesondere seine feine Kuppel mit dem Wechsel der hellen und dunklen Marmorplatten gewann sogleich meine Zuneigung.

Curriculum vitae, Bd. 2, S. 219f.

48. Florenz: Blick vom Piazzale Michelangelo (1998) – Trotz des Kriegsausbruchs kehrten Eva und Victor Klemperer wieder nach Italien zurück.

49. Verwüstete Landschaft bei
Ypern 1917 – Nach Abschluß
des Lektorats in Neapel ging
Victor Klemperer als Kriegsfreiwilliger an die französische Front.

Ich habe, weiß Gott, nichts Großes im
Felde erlebt [...] Niemand hat mich
tyrannisch behandelt oder übermäßige
Anforderungen an mich gestellt, ich war
keiner besondern Gefahr, keiner besondern Entbehrung ausgesetzt, ich hatte
weder über Offiziere noch über Kamera-
den ernstlich zu klagen. Und doch fühlte
ich mich von Tag zu Tag geknechteter
und immer enger von verzweifelter Bitterkeit gewürgt.
Curriculum vitae, Bd. 2, S. 422f.

Kurfürstendamm 214
17 VII. 16.

Lieber! In Eile folgendes. Ich habe mir erlaubt, in Deine militär. Karriere einzugreifen. Hoffentlich mit Deiner *nachträglichen* Zustimmung.
Am Sonnabend Nachm (15. VII.) ging folgendes Telegramm aus Kowno ab:
III Bayr. Reserve Armeekorps. Drahtantwort erbeten, ob Kanonier Victor Klemperer 6 Batt., 6 Bayr Feldart Regt 6 Bayr Res. Divis., z. Zt Lazarett Bad Driburg, zur Verwendung bei *Buchprüfungsamt Ob. Ost.* zur Verfügung gestellt werden kann. Wenn ja, Inmarschsetzung über Eydtkuhnen nach Hauptquartier Ost. Meldung bei Hauptmann Bertkau, Hindenburgstr 28. Presseabteilung Nr ...
Unterschrift: Oberbefehlshaber Ost.
Es kommt nun darauf an, ob die Bayern Dich fortlassen. Ich denke aber ja, denn der unterschriebene Oberbefehlshaber Ost ist niemand anders als ... Hindenburg. Dann kommt es auf Dich u Deinen Arzt an. *Du* mußt wollen. Das setze ich voraus, denn Du kommst in eine literarische Thätigkeit u nach Kowno, wo ich auch bin.
Brief von Felix Klemperer an den Bruder Victor vom 17. Juli 1916

50. Brief von Felix Klemperer, Gouvernementarzt in Kowno

Kowno unter deutscher Verwaltung
Blick auf die Stadt mit der neuen Pionierbrücke

51. Im Juli 1916 wurde Victor Klemperer zum Buchprüfungsamt des Oberbefehlshabers Ost nach Kowno versetzt.

Feldpostbrief

An

Herrn Reitbeamt Dr. Sebba

für Frau Eva Klemperer

in Königsberg (Ostpreußen)

Wohnung
(Straße und Hausnummer)

Trogheimergartenstr. 8.

52./53. Brief von Victor Klemperer an seine Frau, die sich bei der befreundeten Familie Sebba in Königsberg aufhielt.

Sonnabend morgen 22.7.16
Buchprüfungsamt Ob. Ost.

Liebste – was tut der Bürokrat, wenn der Dienst um 8 beginnt? Erst plaudert er ein halbes Stündchen u. dann schreibt er einen Brief. Also lege nur ruhig diesen herzlichen Zwischengruß ad acta, zum Zeichen meiner neuen Tätigkeit. – Zu Haus stehe ich gerade da, wo wir gestern den Spaziergang antraten. Der bedarf nun längerer Schilderung. Danach habe ich dann noch an Dich geschrieben, der Bursche kam u. ich unterhielt mich mit ihm. Er hat doch mit Felix zusammen vieles mitgemacht. Auch sprachen wir sachverständig von Reiten u. Reitunterricht. Die prachtvolle Wohnung u. das Alleinsein u. Bedientsein wird mir – einmal gekostet – doch fehlen, wenn F. zurückkommt u. ich das Zimmer räumen muß ... Könnte ich Dich hier haben, so würde mir gar nichts an der Zufriedenheit fehlen. Aber es geht nun einmal nicht. Von einem Hauptmann habe ich gehört, daß er die Frau hier habe; es soll aber eine vollkommene Ausnahme sein – auch den Offizieren ist das verboten. Mit welchem Verbot man nur der Unsittlichkeit dient. –
Guten Morgen, Meines! Grüße Jule u. Ella.
Dein Victor.
Brief Victor Klemperers an Eva Klemperer

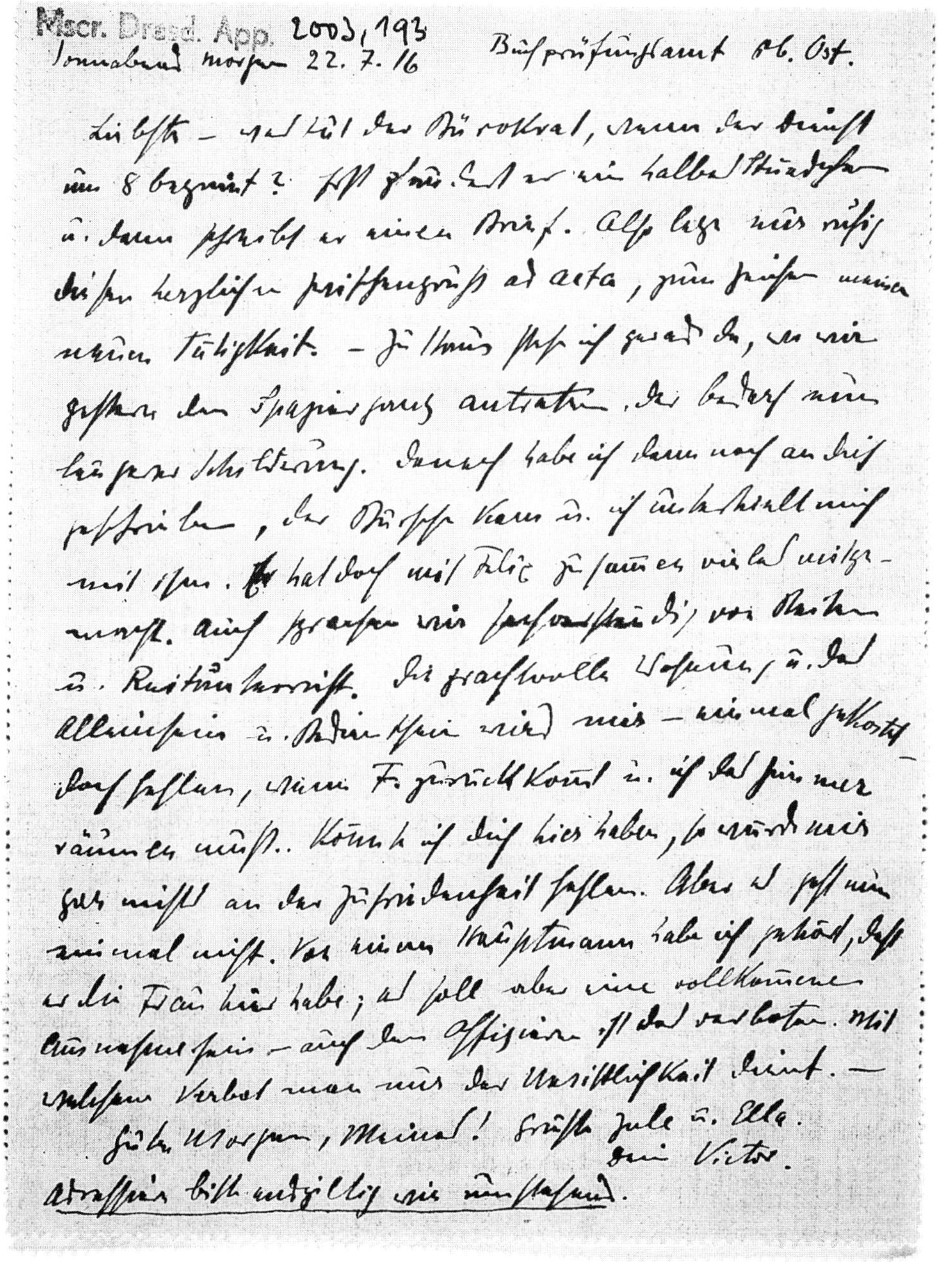

Sonnabend morgen 22.7.16 Buchprüfungsamt Ob. Ost.

Liebste – was tut der Bürorat, wenn der Dienst um 8 beginnt? Jetzt zündet er ein halbes Stündchen u. dann schreibt er einen Brief. Also lege nur ruhig diesen herzlichen Frühmorgengruß ad acta, zum Beweise meiner neuen Tätigkeit. – [illegible] sehe ich gerade da, wo wir gestern den Spaziergang antraten. Die bedarf einer längeren Schilderung. Danach habe ich dann noch an Dich geschrieben, der Büroschef kam u. ich unterhielt mich mit ihm. Er hat doch mit Felix zusammen vieles mitgemacht. Auch sprachen wir sachverständig von [illegible] u. [illegible]. Die prachtvolle Wohnung, u. das Alleinsein u. [illegible] wird mir – einmal gekostet – doch fehlen, wenn F. zurückkommt u. ich das Zimmer räumen muß. Könnte ich Dich hier haben, so würde mir gar nichts an der Zufriedenheit fehlen. Aber das geht nun einmal nicht. Von einem Hauptmann habe ich gehört, daß er die Frau hier habe; es soll aber eine vollkommene Ausnahme sein – auch den Offizieren ist das verboten. Mit welchem Verbot man nur der Unsittlichkeit dient. –

Guten Morgen, Meine! Grüße Jule u. Ella.
Dein Victor.

Adressiere bitte endgültig wie umstehend.

53.

54. Klub der Intellektuellen der Presseabteilung Ober-Ost 1916. Von links: Magnus Zeller, Baron von Bistram, Richard Dehmel, Hans Frentz und Herbert Eulenberg

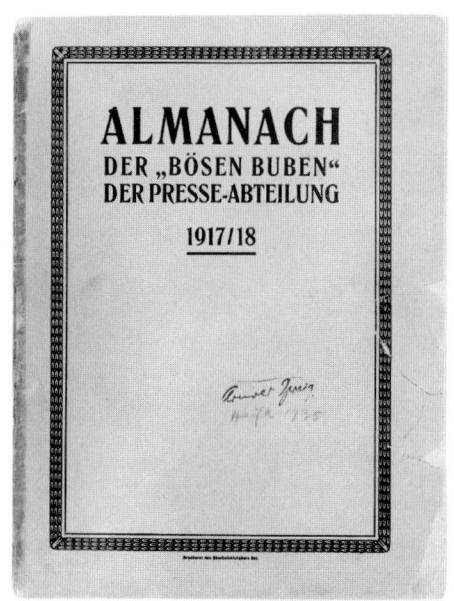

55. Umschlag des Almanachs der »Bösen Buben« aus dem Nachlaß von Arnold Zweig

Mit Magnus Zeller habe ich in diesen Tagen ebensoviel verkehrt wie mit Ewers. Er kam in unser Zimmer zum Plaudern, und über Mittag und abends machte ich meinen Spaziergang mit ihm. […] Es scheine ihm, als habe man jetzt die Tendenz, aus dem Kownoer Pressequartier eine Rettungsinsel für die Reste der verblutenden Intelligenz zu machen. Richard Dehmel werde in den nächsten Wochen erwartet, Eulenberg und Struck seien hier – »das heißt, im Augenblick sind sie dienstlich in Mitau. Eine Artikelserie über baltische Städte soll in der ›Kownoer Zeitung‹ erscheinen, Eulenberg schreibt, Struck illustriert. Wissen Sie, wir könnten nach Wilna und Grodno. Ich muß Sie in unsern Klub der Intellektuellen einführen, da verkehrt alles, was Kultur hat und keine patriotischen Scheuklappen trägt, Offiziere und Mannschaften. Wir kommen wöchentlich zusammen, es wird geplaudert, es werden Vorträge gehalten, neue Bilder gezeigt, neue Verse und Geschichten vorgelesen; da findet sich schon eine Möglichkeit für unsere Reise.«

Curriculum vitae, Bd. 2, S. 475ff.

56. Seite aus dem Almanach der Presseabteilung Ober-Ost mit Karikaturen von Karl Schmidt-Rottluff: Richard Dehmel, Herbert Eulenberg, Magnus Zeller, Hermann Struck und Karl Schmidt-Rottluff

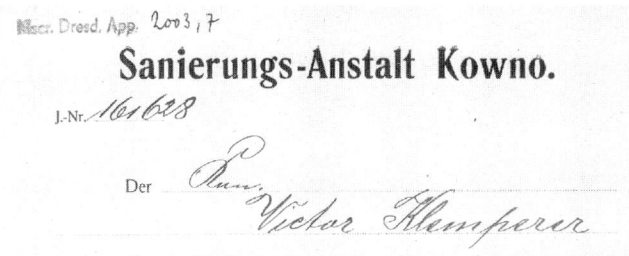

Mscr. Dresd. App. 2003,7

Sanierungs-Anstalt Kowno.

J.-Nr. 161628

Der *Victor Klemperer*

ist heute hier entlaust worden. Seine Kleider und Sachen wurden desinfiziert.

KOWNO, den 4. AUG. 1916 191

Der leitende Arzt.

57. Im August 1916 wurde
das Buchprüfungsamt von
Ober-Ost nach Leipzig verlegt.
Um dorthin zu gelangen,
war ein Entlausungsschein
erforderlich.

58. Leipzig: Luftaufnahme des
Hauptbahnhofs. (Aufnahme
aus den dreißiger Jahren)

Noch war mir alles an Kowno neu und vieles rätselhaft, da ging mein Aufenthalt schon zu Ende. »Wir tun demnächst eine Prüfungsstelle für die Einfuhr deutscher Bücher nach Ober-Ost in Leipzig auf«, sagte mir Neumann-Hofer, »ich übernehme die Leitung, wollen Sie als Zensor mit mir gehen?« Ich stimmte mit einer Beglücktheit bei, deren Grund ich nicht mehr anzugeben brauche.
Curriculum vitae, Bd. 2, S. 488

Eine Viertelstunde danach trat Neumann-Hofer herein. »Urlaub kann ich Ihnen nicht geben, aber Reiseorder nach Leipzig. Sie haben dort am 7. August anzutreten und können hier abreisen, sobald sie reisefertig sind.« – »Das bin ich, Herr Hauptmann. Packen geht schnell.« – »Aber Entlausen nicht.« – »Ich bin doch ganz läusefrei.« – »Aber ohne Entlausungsschein kommen Sie nicht durch die Bahnsperre.«
Curriculum vitae, Bd. 2, S. 490

Leipzig selber hat mich immer wieder erwärmt und mir je länger, je mehr imponiert. Imposant war gleich im Einfahren der neue Bahnhof. Eine solche Anzahl von Schienensträngen, eine solche Riesenhalle hatte ich noch nicht gesehen. Und dann der gewaltige Bau von außen. Irgenwie erinnerte er mich an das Haus Wertheim, den Messelbau in Berlin. Ich weiß nicht, ob sich der Vergleich fachlich rechtfertigen läßt, ich vermag ihn auch nicht durchzuführen. Aber der Messelbau und der Leipziger Bahnhof, das waren und bleiben für mich die ersten architektonischen Merkmale des zwanzigsten Jahrhunderts.
Curriculum vitae, Bd. 2, S. 492

Dann siedelten wir, die neunköpfige »Prüfstelle Leipzig des Buchprüfamtes beim Oberbefehlshaber Ost« in die Deutsche Bücherei über, wo noch rings um uns leidenschaftlich gehämmert, gescheuert, gemalt und gemauert wurde – denn vieles sah noch unfertig aus, und auf den 2. September war die Einweihung in Gegenwart des Königs festgesetzt.

Curriculum vitae, Bd. 2, S. 498f.

59. Lesesaal der Deutschen Bücherei, in der das Buchprüfungsamt untergebracht war. (Aufnahme von 1921)

Viel zur Lektüre kamen wir im Café Merkur am Thomasring auch nicht, denn einmal bestand um der Papier-, vielmehr der Holzknappheit willen seit dem Sommer 17 ein Reichsverbot, Zeitungen auszuhändigen, und nur wenige Blätter wanderten heimlich zwischen den Stammgästen der Cafés von Hand zu Hand, und zum andern ließ uns ein wachsender Bekanntenkreis nur wenig Zeit zum Lesen, aber dort waren wir doch erlöst von der Monotonie des Schäferthemas. Wie kamen wir nur zu diesem großen und mannigfachen Bekanntenschwarm? Nach einer Weile hieß es ja von uns, wir hielten im »Merkur« hof, und bestimmt haben wir nie zuvor und nie hinterher mehr Umgang als damals gehabt.

Curriculum vitae, Bd. 2, S. 588f.

60. Café Merkur am Thomasring. (Aufnahme von 1905)

Am Ende der Woche, als Neumann-Hofer zwischen zwei Berlinfahrten eiligst sein Leipziger Amt besucht, mich auf ein paar Broschüren hingewiesen und sich gerade zum Gehen gewandt hatte, stieß er in der hastigen Bewegung an die Schreibtischkante, und dabei knackte etwas in seiner Tasche, als wenn eine Schachtel zerbräche. Er griff mit der Hand hinein und förderte ein lädiertes Etui zutage. »Ach Gott«, sagte er mit liebenswürdigem Lachen, »das hab ich ja schon vierzehn Tage bei mir, entschuldigen Sie nur, also schönsten Glückwunsch, ich darf den Zug nicht versäumen.« Damit war er hinaus, und dies war der feierliche Akt der Ordensüberreichung gewesen. Nachher gab es eine lange und unentschiedene Debatte darüber, ob ich das Bändchen im zugeknöpften oder offenen Knopfloch zu tragen hätte.

Curriculum vitae, Bd. 2, S. 533

61. Für seinen Frontdienst in Frankreich erhielt der kriegsfreiwillige Kanonier Victor Klemperer im Dezember 1916 das Militär-Verdienstkreuz 3. Klasse mit Schwertern.

Als ich zum Frühstück ging (bloß in der Joppe, es war ganz milde Luft), hielt mich in der belebteren Stadt ein Gefreiter an: ›Du, Kamerad, tu die Odensschnalle ab, du bekommst sonst Unannehmlichkeiten. Auf mich sind vorhin drei Leute zugekommen, der eine hat mich am rechten, der andre am linken Arm gepackt, der dritte hat mir mit einer kleinen Schere das EK-Band vom Mantel geschnitten. »Nichts für ungut«, sagte er dabei, »aber wir haben Revolution.« Daraufhin habe ich meine Schnalle abgehakt und ins Portemonnaie gesteckt; sobald ich zurück bin, trenne ich auch mein Bändchen vom Mantel.

Curriculum vitae, Bd. 2., S. 692f.

62. Demonstration am 9. 11. 1918 vor der Reichskanzlei in Berlin

Soldaten des Arbeiter- und Soldatenrats durchstreifen die Strassen Berlins.

Phot. Gebr. Haeckel Berlin

Millionen sind aus dem Weltkrieg als Ungläubige, als Revolutionäre, als Pazifisten und Weltbürger zurückgekehrt, andere (nicht ganz so viele) Millionen als Gottgläubige, als erbitterte Nationalisten; alle haben irgendeinen Standpunkt, irgendein Dogma bewahrt oder gewonnen. Ich für meinen Teil habe nur den Zweifel heimgebracht, den absoluten Zweifel an jeder Position. Später haben sich mir einige Gewißheiten wiederhergestellt, so fest sogar, daß ich für sie kämpfte, daß sich meine ganze wissenschaftliche Produktion durch anderthalb Jahrzehnte auf sie stützte – und dann sind diese Gewißheiten erneut und endgültig zusammengebrochen ...

Curriculum vitae, Bd. 2, S. 333f.

63. Berlin: Bewaffnete Streife des Arbeiter- und Soldatenrates am Brandenburger Tor im November 1918

51

Drittes Kapitel

1919–1924

Wir werden nun wieder ins Gleichmaß des Lebens hineinkommen müssen, möglichst ohne an die trostlos dunkle Zukunft zu denken. Allmählich geht es mir auf, welch neues unüberwindliches Hindernis der Antisemitismus für mich bedeutet. Und ich bin Kriegsfreiwilliger gewesen! Nun sitze ich, getäuft und national, zwischen allen Stühlen ...

27. September 1919

1919	6. 2. Eröffnung der Nationalversammlung in Weimar, Bildung der 1. republikanischen Regierung
	11. 2. Reichspräsident Friedrich Ebert
	7. 4. Proklamation der Münchner Räterepublik Niederschlagung durch Reichswehr und Freikorps im Mai
	12. 2.–20. 6. Regierung Philipp Scheidemann
	28. 4. Gründung des Völkerbundes
	28. 6. Unterzeichnung des Friedensvertrages von Versailles
1920	13.–16. 3. Kapp-Putsch, durch Generalstreik beendet
1921	Festsetzung der Reparationsleistungen Deutschlands
	Juli Adolf Hitler 1. Vorsitzender der NSDAP mit absoluter Vollmacht
1922	16. 4. Vertrag von Rapallo zur Regelung der deutsch-russischen Beziehungen
	24. 6. Außenminister Walther Rathenau von Nationalisten ermordet
	27.–30. 10. Staatsstreich in Italien, Mussolini Ministerpräsident
1923	ab 9. 1. Besetzung des Ruhrgebietes durch Frankreich
	13. 8. Reichskanzler Gustav Stresemann (bis 23. 11.)
	8./9. 11. Hitlerputsch in München
	Höhepunkt der Inflation
	15. 11. Währungsreform, Einführung der Rentenmark

64. Mitglieder des Arbeiter- und Soldatenrates nach den Revolutionskämpfen am 24. Dezember 1918 vor dem zerstörten Berliner Schloß

Bei Ihnen habe ich meine ersten romanistischen Vorlesungen gehört! Noch sehe ich Sie auf dem Katheder, wie Sie uns Neulinge mit einer geradezu ansteckenden Begeisterung in die Geschichte der klassischen französischen Literatur einführten. Es war in jenem notvollen »Zwischensemester« (Februar und März 1919), das man für uns heimgekehrte Kriegsteilnehmer in München eingerichtet hatte. Sie waren damals einer der ganz wenigen Professoren, die uns nicht nur Lehrer sondern auch Berater geworden sind. Nach jeder Vorlesung richteten Sie ein paar persönliche Worte an einzelne von uns, um herauszufinden, wo Sie noch näher erklären und noch mehr helfen könnten. Die Not Ihrer Studenten ging Ihnen zu Herzen. Uns aber schien es – wenn wir Sie dann aus der Ludwigstraße um die Ecke in die Schellingstraße eilen sahen –, daß Sie wohl auch selbst nicht auf Rosen gebettet seien und vielleicht ebenso zerrissene Schuhe tragen müßten wie wir Studenten.

Hans Rheinfelder, Brief aus der Bretagne.
(Aus der Festschrift für Victor Klemperer zum
75. Geburtstag, »Im Dienste der Sprache«,
Halle 1958)

65. Nach dem Militärdienst kehrte Victor Klemperer an die Ludwig-Maximilians-Universität nach München zurück, wo er als a. o. Professor ab Februar 1919 Kurse für Kriegsteilnehmer abhielt.

Wir leben vollkommen ruhig und gleichmäßig; es kommt uns seltsam vor, von »Revolution« zu lesen, der Streit um die rote Fahne auf der Universität erscheint uns kindlich, alles ist hier in völligen friedlichsten Alltag getaucht. Und doch ersieht man aus den Zeitungen, daß das Chaos überall zunimmt, und doch ist es möglich, ja wahrscheinlich, daß wir in kurzem Bürgerkrieg und alle möglichen Greuel hier wie in ganz Deutschland haben werden. Es ist mit dieser Revolution wie mit der »Leere des Schlachtfeldes«. Das meiste geht unterirdisch vor sich; am wenigsten weiß und sieht, wer mitteninne steht. –

30. November 1918

66. Victor Klemperers Bruder Berthold teilte »auf gedruckter Anzeige die Geburt eines Sohnes Georg Wilhelm am 18. November mit«.

Heute abend war ich mit Eva im Odeonssaal zu einer Liebknechtfeier. Gustav Landauer sprach, die angekündigte Musik fiel aus [...] Landauer ein winziges, schmales, schwarzberocktes Männchen, schwarze Mähne, schwarzer Vollbart. Predigtton + Berliner Jargon. Religiöse Klänge + Sowjetradikalismus. Religiös verstiegen: Unsterblichkeit des schaffenden Geistes in uns. Das Göttliche des Menschen. Liebknecht ein Vorbild.

6. Februar 1919

67. Demonstration am 16.2.1919 auf der Münchner Theresienwiese. Mitglieder der KPD mit Porträts ihrer beiden am 15.1.1919 von Freikorps-Offizieren ermordeten Führer Karl Liebknecht und Rosa Luxemburg.

Heute vormittag schrieb ich an einem Bericht für die Leipziger Neuesten Nachrichten, der kaum irgendwie verallgemeinert oder übertreibt, was ich wirklich gesehen habe. Höchstens lasse ich im Plural die Gewehre auf den Automobilen laden, während ich den Akt des Ladens nur einmal sah.[...] Ob ich doppeltes Spiel spiele? Ich habe kein häßliches Wort gegen Eisner und Weckerle gebraucht; aber [...] ich fürchte, da ich sehr mit der Sprache herausgehe und da die L. N. N. meine Berichte hervorzuheben scheinen, wird mein Incognito bald gelüftet sein. Bei dem Fanatismus, der hier herrscht, könnte ich sogar »Schutzhaft«, wenn nicht Schlimmeres erfahren. Ich wage es doch, ich will in die politische Journalistik hinein.

22. Februar 1919

68. Während der Münchner Revolutionsereignisse schrieb Victor Klemperer unter dem Pseudonym »Von unserem A. B.-Mitarbeiter« für die »Leipziger Neuesten Nachrichten« mehrere Situationsberichte.

Gestern früh die unglaubliche Proklamation der sozialistisch-kommunistischen Räterepublik. Bruch mit Weimar, Gruß an die russischen und ungarischen Brüder – »Nationalfeiertag«. Ich ging zur Universität. Gitter, ein schmaler Einlaß, ein Haufen Menschen. Ich kam herein, sah beim Verwalter einen Zettel liegen: die Universität unterstehe dem Zentralrat; ich bevollmächtige die Herren …
gez. *Landauer*
8. April 1919

69. Spontan errichtete Gedenkstätte für den bayrischen Ministerpräsidenten Kurt Eisner an der Stelle, an der er am 21.2.1919 ermordet worden war

Die politische Lage ist innen und außen ganz dunkel. Welche Schmach hier! Erst hat man gedroht, alle Waffen müßten in kürzester Frist abgeliefert werden; jetzt setzt man Belohnungen aus: für eine Handgranate oder 100 Patronen 1 M., für ein Gewehr 5 M., für ein M. G. (!!!) 25 M. Und die Hetze gegen die »Preußen« geht weiter, und in die Einwohnerwehr dürfen auch Leute eintreten, die vorher der roten Armee angehört haben. […] Ich lebe so hin, abwartend, über nichts in Verwunderung.
17. Mai 1919

70. Litfaßsäule mit der Proklamation der Bayrischen Räteregierung vom 7. April 1919

Das Entsetzlichste an den deutschen Zuständen ist mir jetzt, daß ich nirgends die Partei finde, die mich ansprechen könnte. Die Nationalen betreiben den Antisemitismus immer widerlicher und abstoßender. Es ist ein furchtbares Unglück und zugleich geradezu komisch mit den Juden, die an allem Schuld haben: am Krieg und an der Revolution. Den Nationalen die Landesverräter und Bolschewisten (Leviné!), den Revolutionären »die Kapitalisten« und Kriegmacher. Niemand sympathisiert mit ihnen, niemand nimmt sie als Deutsche hin.

16. September 1919

71. Regierungssoldaten auf dem Münchner Marienplatz – Im Mai 1919 wurde in München die Räterepublik von der Reichswehr sowie vom Freikorps von Epp und der Brigade Ehrhard niedergeschlagen.

72. Im November 1919 sahen Eva und Victor Klemperer den Film »Madame Dubarry« (Regie: Ernst Lubitsch). Früh hatten sie das Kino für sich entdeckt.

Ich habe gestern abend meine Berufung nach Dresden, *Ordinariat für romanische Sprachen in der Allgemeinen Abteilung*, erhalten. [...] Ich bin noch so benommen u. erschüttert, daß das Glücksgefühl nur erst zeitweilig durchdringt. [...] Denn daß es ein gewaltiger Glücksfall und Fortschritt ist, empfinde ich deutlich.

14. Dezember 1919

Nach Tisch bei schönstem Vergnügungswetter Spaziergang. Wir fuhren zur Brücke am Maximilianeum und gingen zwischen den Armen der Isar, die sehr viel Wasser führt, ohne aber ihr Flutbecken in Anspruch zu nehmen, teils auf Insel, teils auf langem Kunstdamm bis zur Brücke an der Mariahilfer Kirche, deren spitze Türme ein Querbau verbindet. [...] Wir haben das Bestreben, München noch kennenzulernen, ehe wir fortgehen. Wir sind jetzt von München erlöst und brauchen es nicht mehr zu hassen.

1. Januar 1920

73. Maximilianstraße in Richtung Maximilianeum

59

74. Dresden: Blick auf die
Frauenkirche. (Aufnahme
von 1937) – Im April 1920
übersiedelten Eva und Victor
Klemperer nach Dresden.

Haupteindruck: die schönste Blüten-,
Frühlings-, Villenstadt. Ein Entzük-
ken an Kultur, Festlichkeit, Gärten, eine
märchenhafte Pracht, etwas Unglaubli-
ches an Grün, Weiß, Weiß, Weiß, daneben
Rosa und Rot und Gelb, der äußerste Gegensatz zum steinernen München ...
Gewitteranfälle.

16. April 1920

75. Das Hauptgebäude der Technischen Hochschule am Bismarckplatz

Gestern vormittag und vor dem Frühstück also war ich zum ersten Mal in der Hochschule am Bismarckplatz, einem ziemlich alten und nicht übermäßig pompösen Kasten, an einem schönen Schmuckplatz gelegen. Dort standen bemützte Studenten und im Treppenaufgang hingen schleifenreiche Kränze neben Photographien und Gedenktafeln. Ich erfuhr auch gleich, daß man der Zeitfreiwilligen halber erst am 3. Mai beginnt. Man ist also nationalistisch hier, woran ich nicht gezweifelt habe ... Ich ließ mir das romanische Seminar aufschließen.
17. April 1920

76. In der Aula der Technischen Hochschule hielt Victor Klemperer am 3.6.1920 seine Antrittsvorlesung.

Heute um 5 habe ich in der Aula vor einer Reihe Professoren, dem Ministerial-Geheimrat Heyn und ziemlich vielen Leuten [...] von ¼ 6 – ¼ 7 sehr passabel meinen schönen *Vortrag über die französische Literatur* gehalten, im Frack mit der Ordensschnalle und einem von einem Pensionsgenossen geliehenen weißen Schlips. Den ganzen Tag hatte ich doch zum Durcharbeiten des schwierigen Themas gebraucht. Walzel kritisierte nachher: Alles habe ihm zugesagt bis auf den Schluß, wo er das germanische Element in der Neoromantik gern betont gesehen hätte. Aber ich sprach ja gerade von den französischen Elementen.
3. Juni 1920

61

Werde ich hier in Dresden verbauern, werde ich Kraft zur eigenen Arbeit finden? Die Hochschule wird mich wenig Mühe kosten – aber auch wissenschaftlich ungefördert lassen. Und wieweit wird mein eigenes Arbeiten gehen? Ich fürchte Müdigkeit, Ablenkung, Zersplitterung, Verflachung. [...] Ich habe Angst.

17. April 1920

Ich nehme mir fest vor, das heitere Gleichgewicht meiner Seele zu behalten, wenn ich vor leeren Bänken lese. Dann muß ich mein Publikum eben außerhalb der Hochschule finden. Schon hat mich Walzel zu einem Vortrag in irgendeinem Zirkel aufgefordert. Ich sagte zu: »Humanismus und Renaissance« – meine Petrarca-Einleitung natürlich, die ich hier in der Hochschule vor 8 Leutchen lese.

6. Mai 1920

Den ganzen gestrigen Vormittag verbrachte ich nutzbringend in der *Landesbibliothek* und lernte endlich den Katalog ganz kennen, was mir in der Münchner Königlichen nie glückte. Ein Oberbibliothekar half mir. [...] Man ist mit französischer Renaissanceliteratur gut versehen.

13. Juni 1920

77. Palais im Großen Garten

78. Japanisches Palais – Sitz der Sächsischen Landesbibliothek. (Aufnahme vom 20.9.1925)

79. Blick von der Loschwitz-
höhe über die Elbbrücke –
Immer wieder führte der
Spazierweg Eva und Victor
Klemperer nach Loschwitz.

Wir waren dann am Nachmittag in *Loschwitz* [...]. Ich habe noch nie eine so kultivierte Wohnstadt gesehen wie Dresden, noch nie die so dichte Fülle von Blumen und Blütenbäumen. Überall die mächtigen Rhododendren- und Azaleenbüsche, die verwaschenen Glyzinien, der Flieder, der Goldregen, die Kastanien, Weiß und Rot, ganze Straßenzüge mit rosa und dunkelrotem Rotdorn, der Schneeball ... [...] es ist immer wieder und überall ein Märchen. [...]
Loschwitz und die Konditorei dort oben hat es uns angetan.
7./9. Mai 1920

80. Vogelwiese am Elbufer bei
Blasewitz: der Dresdner Ver-
gügungspark, den Klempe-
rers mehrfach aufsuchten.
(Aufnahmen von 1932)

Heute nachmittag auf der *Vogelwiese* am Elbufer bei Blasewitz. Ein Riesenjahrmarkt (an Schützenfest geschlossen), abertausende von Menschen, Karusselle, Schaukeln, Schießbuden, Sehenswürdigkeiten [...]. Eine phantastische Dame mit dicken nackten Armen machte für den »Mann mit der eisernen Zunge« Reklame, der 125 Pfund an der Zunge tragen konnte und sie ausstreckte. [...] Eine Bude mit dem 350jährigen Krokodil , das 36 Eier gelegt und Junge ausgebrütet hat. Das Mädchen mit den 2 Köpfen. Bella, das schwerste Kolossalmädchen von Sachsen. Rutschbahn. Saure Gurken. Kirschen. Kuchen. Usw. usw. An der Elbe Wohnwagen, Menschen im Gras gelagert, vollster Fährdampfer.
4. Juli 1920

81. Viktor von Klemperer. Direktor der Dresdner Bank. Dessen weitläufig mit Victor Klemperer verwandte Familie spielte im wirtschaftlichen und kulturellen Leben der sächsischen Metropole eine wesentliche Rolle.

Gestern rief *Georg* an, zweiter Vorsitzender des Internistenkongresses, den ich bisher vergeblich zu erreichen versucht hatte. Wir verabredeten gemeinsames Abendbrot in der »Stadt Gotha« am Schloß […]. Wir sprachen vom Antisemitismus, von Georgs überschwerer akademischer Laufbahn, von dem seltsam heißen Philosemitismus, der sich in Otto, Georgs Ältestem offenbare; übrigens habe Otto erst mit 16 Jahren seine jüdische Herkunft erfahren … […]Wir sprachen gestern viel vom Ghetto, von den Bank-Klemperers, die ebendort herstammen und den Geldweg gegangen sind, von den Posten, die wir mühselig errungen. Uns peitscht das Ghetto alle in frühen Tod. Wir wollen es vergessen machen, wir kämpfen um die Ehre des Namens.

21. April 1920

82. Der Dirigent Otto Klemperer war ein Cousin Victor Klemperers. Die Väter waren Brüder.

Otto Klemperer, der »Generalmusikdirektor« von Köln an die Berliner Staatsoper berufen. Vor sehr vielen Jahren – ich fing an, Verse zu machen und Otto Klemperer studierte – sagte sein Vater Nathan Klemperer prahlerisch zu mir: »Wenn mein Otto erst die Berliner Oper dirigiert, schenkt er dir Freiplätze« – den Nachsatz weiß ich nicht mehr genau, das »Wenn« aber stachelte sich mir tief ein. Ich weiß nicht, warum: Dem Otto Klemperer gegenüber fühlte ich immer etwas Konkurrenzliches. Wir sind die gleiche, damals waren wir die jüngste Generation, und wir vertraten damals die »Kunst«. Nun ist er hoch oben, und ich fühle mich bedrückter als je an der Hochschule.

8. Juni 1923

83. Vorlesungsverzeichnis der Technischen Hochschule Dresden, Wintersemester 1921/22

— 19 —

Wöchentl. Stundenzahl

Dr. phil. **Klemperer**, Viktor, ordentl. Prof.

(Wohnung: Dresden, Holbeinstr. 131, III.)

163. Französische Literatur im 19. Jahrhundert. Romantik und Realismus. V. (Mo., Di. 1/₂3—4) 4

164. Lektüre und Besprechungen zur Vorlesung über französische Literatur im 19. Jahrhundert. V. u. Ü. (nach Vereinbarung) 2

165. Lektüre eines modernen italienischen Textes. V. u. Ü. (Mo. 6—1/₂8) (auch für Techniker und Auslandsseminar) 2

166. Geschichte der italienischen Literatur im Zeitalter der Renaissance. V. (Mi. 3—4) 1

167. Fortsetzung der Dantelektüre. Ü. in Gruppen. (Mi. 1/₂3—1/₂4) 1

168. Lektüre eines modernen spanischen Textes. Ü. in Gruppen. (Di. 6—1/₂8) (auch für Techniker und Auslandsseminar) 2

169. Übungen im Gebrauch der modernen französischen Sprache. Ü. (Do. 1/₂3—4) . 2

84. Verzeichnis der Vorlesungen und Übungsstunden Victor Klemperers

85. Wohnraum in der Villa Bienert mit dem Gemälde »Träumerische Improvisation« von Wassili Kandinsky. (Aufnahme von 1913)

86. Ida Bienert förderte in Dresden auf vielfache Weise das kulturelle Leben. (Aufnahme um 1910)

U m 3 zu Haus. Kaffee – und zu einer Teeinladung der Frau *Bienert*. Prunkvollste Villa in der Würzburger Straße. Im Erdgeschoß nur Salons und Bildersammlung. Nur Moderne und Modernste. Farbenklekse und geometrische Flächen, Stereometrisches. Auch Chinesisches. […] Frau Bienert ist wohl ziemlich sachverständig, sehr mäzenatisch. […] Seltsame Familie. Millionen müssen drinstecken. Die Bienertmühle in Plauen, die Bienertstraße scheinen etwas Fuggerisches an sich zu haben. »Mein Mann u. mein Schwager (sagt sie) haben schon einmal das Terrain für den geplanten Universitätsneubau gestiftet.« Sie scheint Mäzenzentrum der modernen Malerei und Kunst. Der alte graue unscheinbare Mann mahlt inzwischen mit h. Sie will einen »jour« einrichten, und wir sollen geladen werden. Sie hat irgendein Faible für mich, war ein paar Male in meinen italienischen Anfangsübungen, schwärmt von meinem Dantevortrag … Das Ganze scheint mir leise komisch, ziemlich zeitraubend und sehr interessant.

15. Oktober 1921

Ferdi Stern lud mich auf eine Tasse Kaffee, wir fuhren mit der Hochbahn zum Potsdamer Platz und saßen bei Josty. Ein volles Kaffeehaus, kaum ein Platz zu finden, dabei zahlt man [...] für eine Tasse Kaffee 660 M., und das gilt als billig.
11. März 1923

Es war mir lieb, kreuz und quer durch Berlin zu kommen: die Linden, Friedrichstraße, Westen, aber es war mir auch oft des Sparens halber. Die teure Trambahn bemühte ich trotz Regens und Müdigkeit nie, nur die Hochbahn und die Stadtbahn (je 160 M. bei kürzeren Strekken) ein paarmal. [...]
Sehr imponiert haben mir die prachtvollen Katalogräume der Berliner Riesenbibliothek, wo ich mir am Sonnabend und Montag vormittag bibliographische Auszüge zur modernsten französischen Literatur machte. Sie haben vielerlei dort.
15. März 1923

Das große Schauspielhaus sieht aus wie eine riesige Tropfsteinhöhle und an jedem Zapfen hängt eine Lampe. Die Zirkusform ist geblieben. Mein Logenplatz war dicht an der Bühne, ich sah in die Weite und Höhe des Hauses voll hinein, Tausende besetzten es. In den Foyers tempelartige Bildungen, Kammern um Säulen, aus denen sich verbreiternde steinerne Blütenteller aufsteigen in farbigen Beleuchtungen. Ein Bühnenzugang aus der Tiefe des Orchesters, einer links seitlich von hoch oben her auf geneigtem langem Straßenband. Wenn hier Helden erscheinen und der Scheinwerfer sich auf sie konzentriert, wird die Erwartung ungemein gespannt. Eine Operette von *Oskar Strauss: Die törichte Jungfrau.*
15. März 1923

87. Berlin: Blick vom Café Josty um 1914 auf den Potsdamer Platz 1923. – Zur Zeit der Inflation reiste Victor Klemperer zu Bibliotheksstudien und zum Besuch seiner Brüder nach Berlin.

88. Großes Schauspielhaus

Dreimal sind wir im *Kino* gewesen. Am Freitag abend im Prinzeßtheater zum *Fridericus Rex*, dessen Anfang vor einem Jahr »lief«. Der Teil »Sanssouci« bringt kombinierte Geschichtsbilder. [...] Der letzte Teil, »Schicksalswende«, ist menschlich sehr viel bedeutender. [...] Ein ganz unmilitaristischer Film. [...] Das Publikum [...] klatschte begeistert, sooft preußische Truppen stürmten, sooft Fahnen erschienen [...]. Aber es wurde in seinen nationalistischen Instinkten von heute mehrfach gedämpft. [...] Das war nichts für Hakenkreuzler. [...] Dann die Ablehnung des Ruhmes, die Verurteilung des Krieges, das ganz Unpathetische. [...] Friedrich selber eine merkwürdige und zwiespältige Gestalt. Absolut und liberal, fragloser Eroberer und Friedensfürst, Pessimist und Mann der Staatsidee. – Als Filmschauspiel ein ganz großer Genuß.
20. Mai 1923

89. Von Eva und Victor Klemperer oft besucht: die Prinzeß-Theater-Lichtspiele in der Waisenhausstraße. Dort sahen sie auch alle 4 Teile des Films »Fridericus Rex«.

Wir gingen dann in die *Regina-Diele*, eine große elegante Cabareteinrichtung dem Union Theater unterkellert. Bühne, großer etwa hufeisenförmiger Restaurantraum, die Tische in zwei breiten flachen Etagen um eine freie tiefere Arena gebaut, die Diele. Erst Tänzerinnen, Tanzpaare, Soubrette. Eine scheußlich krähende dicke Blondine ging singend ins Publikum, setzte sich einigen auf den Schoß. So dem Landsgerichtsrat Doehnert, dem schlimmsten in unserer Gesellschaft. Peinlich. Am Tisch hinter mir ein junger Mann der Staatsbank, der mich kannte, und hier – nicht kannte.
14. Mai 1923

90. Zu den Vergnügungsstätten, die Eva und Victor Klemperer eine Zeitlang gern besuchten, gehörte das Cabaret in der Regina-Diele.

91. Werbeseite des »Dresdner Anzeigers« vom 1. 6. 1923

69

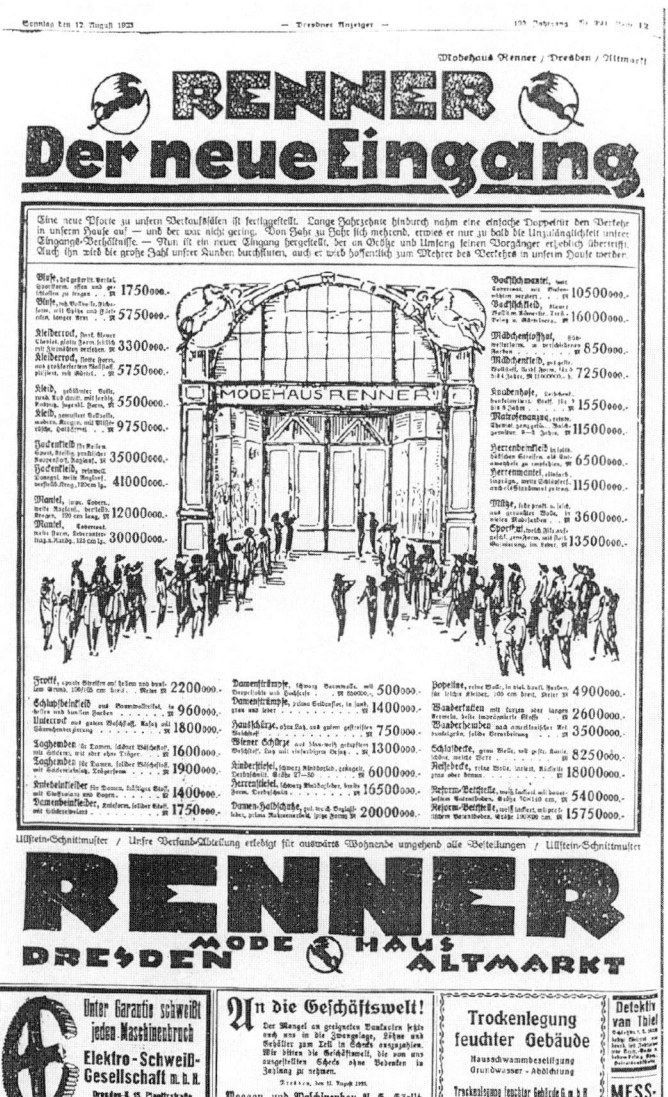

92. Werbeseite des Kaufhauses Renner während der Inflationszeit im »Dresdner Anzeiger« vom 12.8.1923

Die Zeitung gestern! Ein kulturhistorisches Dokument. Renner, ein billiges Warenhaus, zeigte an: Herrenstiefel 16 ¼ Mill., Herrenhosen 6,5 Mill, Mützen 3,6 Mill., Damenkleider 55, 41, ein billigstes nur 5,750 Millionen. Damenstrümpfe, die billigsten ¼ Million usw. usw. Eine Reihe Fabriken baten die Geschäfte, ihre Privatschecks anzuerkennen, da sie nur so ihre Löhnung hätten ausgeben können.

13. August 1923

Man sagt sich jeden Tag, nun müsse eine Katastrophe eintreten – ich weiß nicht welche, aber irgendeine: Zerfall des Reiches, Bürgerkrieg, irgendein Sturm, ein Novum, ein Anderes – und immer bleibt die gleiche verpestete Stille – Unsinn häuft sich auf Unsinn, Schmach auf Schmach, Milliardenschein auf Zehnmilliardenschein, und in der unbeweglichen Stille wächst die Not und der Ekel. Einschlafen ist das beste am Tage und Aufwachen das Widerwärtigste.

14. Oktober 1923

Am Montag früh mit Sebbas zusammen nach Königsberg. [...] Wir trafen uns zum Essen in einem Lokal am Paradeplatz mit Lisl Sebba. (Relativ billig: 60 000 M. auf den Kopf.) – An diesem Platz steht die Universität, Neubau aus den 40er Jahren, nicht sehr großer Steinkasten mit geradliniger Wandelhalle davor, ohne stattliche Halle im Innern. [...] Am Paradeplatz steht auch das Kantdenkmal, schlicht und fein, das ernste Gegenspiel des Goldoni in Venedig, das stille Pendant des Voltaire in Ferney, dunkle Bronze, schlanker, gar nicht posierender Mann mit Zöpfchen, freier, sehr hoher Stirn, großen schauenden Augen. Im Rock. – An einer Schloßecke steht in Stein Wilhelm I. Die Krone über dem unbedeutenden Gesicht, aufgeplustert im Krönungsgewand, Kleid und Hermelin über den Schultern, ein Riesenschwert schräg vor sich hingestellt, in krampfhafter Pose einer majestätischen Photographie-Stellung. Die beiden Denkmäler verkörpern so recht les deux Allemagnes, das wilhelminische und das andere ...

2. August 1923

93. Im Sommer 1923 besuchten Eva und Victor Klemperer Königsberg, die Heimatstadt Evas, und das nahegelegene Rauschen.

71

Es ist wahrhaftig wie mit dem Wetter in diesem Jahr: bei jedem Regen und Sturm erwartet man das Ende der anormalen Wärme und Schönheit, und immer wieder tritt Erholung ein. Aber einmal und bald muß es doch ein winterliches Ende haben. Und so erwartet man jeden Tag eine völlige Reichskatastrophe. Der Dollar auf 200 Mill., auf 300 Mill., auf 400 Mill. – wobei die Zehner nicht mehr zählen; Bayern immer unverhüllter monarchistisch und separat, Arbeitsherabsetzung in den größten Fabriken, »Umbildung« des Kabinetts Stresemann nach rechts – und noch immer ist es ruhig. Vor dem wunderschönen Wachthaus am Neustädtischen Altmarkt schildern die Soldaten mit Stahlhelm, Gewehr und Handgranate; mittags drängt sich die Menge davor, weil »gleich die Wache mit Musik aufziehen wird« – und längs der Prager Straße kleben ungehindert in größtem Format die verbotenen Aufrufe der Kommunisten zum Generalstreik. Der ganze Tag ist ein einziges Warten auf die Zeitung. Und wenn die Dresdner Nachrichten abends kommen, bringen sie nur eine neue Dollarziffer und sonst nichts Neues.

4. Oktober 1923

94. Wachaufzug am Neustädtischen Markt. (Bild aus einem Filmfragment zur Geschichte der deutschen Arbeiterbewegung, zwanziger Jahre)

Heute den ganzen Vormittag bibliographisch in der Landesbibliothek gearbeitet [...]. Zum erstenmal war ich in den Büchersälen, zu denen ich neuerdings Zutritt habe. Mächtige Räume im obersten Stockwerk des Palais, ein Labyrinth mit verwirrendem Überfluß. Ich werde doch wie vorher vom Katalogsaal aus bestellen und mich bedienen lassen. Schön ist der Blick auf die gepflegten Blumenbeete unten und über die Elbe zu den grünen Hügeln der Hainsberger Gegend. –

22. August 1923

95. Sächsische Landesbibliothek im Japanischen Palais. Saal für Sonderausstellungen im Buchmuseum. (Aufnahme vor 1936)

96.–98. Szenen aus dem
Film »Dresden – eine Stätte
der Kultur und der Arbeit«,
den Victor Klemperer am
16.1.1924 sah

R uhepunkte bot das Kino. In drei Besuchen prävalierte das amerikanische Element. Mit seiner Primitivität. [...] Heute abend, um 20 Uhr, im Stübelpalast auf Freikarte, die ich vom Senat erhielt, der *Städtefilm Dresden.* Das war kein Film, sondern eine Unverschämtheit. Denn es wurden mächtige Reden geschwungen, daß hier zum erstenmal ein wirklicher, belebter, künstlerischer Städtefilm geboten werde, und es wurde alles von den banalsten Conférencierworten begleitet, und die Veranstalter beweihräucherten sich gegenseitig – wobei natürlich Dr. h. c. und Ehrensenator Wilhelm Kaufmann, der analphabetische Großmogul Dresdens, wieder eine Hauptrolle spielte – und man sah nichts als ein paar blasse, sehr schlecht aufgenommene Stadtbilder und Reklame über Reklame, aber auch die Reklamebilder der einzelnen Fabriken 10mal lebloser als nötig gewesen wäre. Zumeist Verpackungen, Etikettierungen und – wieder und wieder Abrollen der beladenen Automobile. Das Publikum war sehr unzufrieden. Ich brach auch (todmüde) vor Schluß auf.

16. Januar 1924

99. Die Tanzdiele im Großen Garten während der Gartenbauausstellung. (Filmbild aus »Die Tage der Rosen«. 1926)

Zweimal hintereinander, vorgestern und gestern, besuchten wir die *Textil-Ausstellung* in dem großen Stübelpalast. [...] Um die Ausstellung, im schönen Park verstreut, zieht sich eine Art gehobenen Rummelplatzes mit Karussell, Kasperletheater, Caféhäusern, Tanzdiele und riesengroßem Konzert- und Restaurantsaal. Am Sonnabend nachmittag saßen wir in einer Konditorei, am Sonntag abend in dem Restaurant. Es war ganz kleinbürgerlich, eine Militärkapelle blies – nicht einmal schlecht, aber ich kann die Blaserei ohne Streichinstrumente nicht leiden –

kleine Leute drängten sich familienweis zu Hunderten, und wir aßen dort unser Abendbrot.
28. Juli 1924

100. Foto aus dem Film »ZR III über Dresden« (1924)

Dieser Tage überflog auf seiner Deutschland-Probefahrt der für Amerika bestimmte *Zeppelin* Dresden. Ich sah ihn zufällig im Augenblick, wo ich am Bahnhof aus der Tram stieg, aufs Deutlichste. Ein Koloß, das aber in seiner »Tropfenform« nicht mehr die schlanke Schönheit der früheren Luftschiffe hat. Es gab mir einen Stich ins Herz, daß uns das Schiff nicht gehört. Ich gedachte der früheren Zeppeline. Einen sahen wir in Tegel landen, einen in München, einer schwebte vor mir über die Grenze, als ich im Winter 15 mit dem Truppentransport nach Belgien kam. Ich bin so patriotisch wie je – aber mein Haß auf die Hakenkreuzler ist bitter und mein Gefühl zwiespältig.

29. September 1924

75

Viertes Kapitel
1925–1932

Die allgemeine Stimmung in Deutschland scheint mir diesmal
viel verzweifelter als während der Kriegsweihnachten. Damals
war außerordentliches Geschehen, Spannung, Hoffnung, immer
noch ein gewisser Elan. Jetzt nichts als Verzweiflung, keine Zukunft mehr, kein Glaube irgendwelcher Art. Man will nur
irgendwie weiterleben, ohne den Sinn und die Möglichkeit des
Weiterlebens recht zu erfassen. Man ist ganz stumpf. So stumpf,
daß es vielleicht gar nicht zu Blutvergießen kommt.
25. Dezember 1931

1925	26. 4. Reichspräsident Paul von Hindenburg
	16. 10. Konferenz von Locarno, Unterzeichnung von Sicherheits-abkommen zwischen Deutschland und seinen Nachbarn
1926	8. 9. Aufnahme Deutschlands in den Völkerbund
1929	Oktober Beginn der Weltwirtschaftskrise
1930	14. 9. Reichstagswahl, NSDAP zweitstärkste Fraktion
1931	11. 10. Harzburger Front: Aktionsbündnis zwischen NSDAP, Deutschnationalen und Stahlhelm
1932	10. 4. Reichspräsidentenwahl, Hitler unterliegt Hindenburg
	31. 7. Reichstagswahl, NSDAP stärkste Fraktion, Reichstags-präsident Hermann Göring
	6. 11. Erneute Reichstagswahl, Abnahme der NSDAP-Mandate

101. Dresden: Postplatz mit
Sophienkirche um 1927

Hindenburg gewählt. 14 600 000 gegen 13 700 000 für Marx und 1 700 000 für Thälmann, also gegen eine linke Majorität. Ich habe den Eindruck, daß etwas Ähnliches vorgefallen ist wie am 28. Juni 1914, als man den österreichischen Thronfolger mordete. Was wird in Deutschland werden? [...] Mir scheint aber auch auf Deutschland zu passen, was Marc Sangnier von Frankreich und Italien sagte: die Freiheit ist nicht mehr das Losungswort der Jugend, sondern die »Ordnung«. Faschismus überall. Die Schrecken des Krieges sind vergessen; der russische Terror treibt Europa in die Reaktion.

27. April 1925

102. Dresden: Blick von der Brühlschen Terrasse zum Theaterplatz um 1925

Gestern um 6 [...] im *Victoriakino.* *»Wege zu Kraft und Schönheit«.* [...] Erst eine krasse Gegenüberstellung antiker Nacktkultur und moderner Körperverkümmerung. Dann in größter Fülle in wunderbaren Aufnahmen, bei denen die Zeitlupe die belehrendste Rolle spielt, Bilder vom Turnen (Säuglingsturnen), Sport, Kampfübungen (Jiu-Jitsu, Florett), rhythmische Bewegungen, Tänze verschiedener Völker. [...] Raffinierter Schluß: Jahn und seine vaterländischen Turner. Klatschen. Nun Inschrift: »Das ist der Weg, der auch uns führen soll zu« – stärkeres Klatschen, lange Pause. Neue Inschrift: »Kraft und Schönheit«. [...] Wir sprachen alle den ganzen Abend von diesem Film, ich lehnte mich nur gegen die Koketterie und Verführung zur Heuchelei auf, die in den »schönen« rhythmischen Übungen liegt, [...] versuchte mich aber auch in allerhand Übungen und machte heute im Badezimmer ein Dutzend Kniebeugen.

13. April 1925

103. Im Victoria-Kino sahen Eva und Victor Klemperer 1925 den Kulturfilm »Wege zu Kraft und Schönheit« u. a. mit der Rhythmikgruppe von Rudolf von Laban. Dresden-Hellerau.

Es ist eine harte Aufgabe, sich 14 Tage nur zu amüsieren, selbst wenn das Amüsement Pflicht und Notwendigkeit bedeutet. Man läuft leer. [...] – Viel Farbige auf den Straßen, auch Frauen, ziemlich viele Ostasiaten. – In den Magots, bzw. vor ihnen frühstückt eine englische Kolonie. (Mit Servietten!) – Auf unseren Aborten hängt eine russische, in Paris erscheinende Zeitung. – In der Reihe vor uns in der Music-hall wurde gestern deutsch gesprochen. – Im italienischen Restaurant dinierte eine dänische Gesellschaft. Man ist sehr, sehr international hier. Englisch ist Trumpf. Alle Ansichtskarten haben neben der französischen eine englische Aufschrift. Der Programmverkäufer sagt mir: Thank you very much. –

24. April 1925

104. Paris: Café de la Paix - Ostern 1925 reisten Eva und Victor Klemperer nach Paris. Die Reise war zugleich Urlaub und Studium.

Nº Mscr. Dresd. App. 2003, 19 (1)

Hamburg-Südamerikanische Dampfschifffahrts-Gesellschaft.

Vacunados á bordo durante el viaje

Vapor _Monte Olivia_

Salida de Hamburgo _11 de Julio 1925_

Nombre _Victor Klemperer_

Edad _43_

Sexo _m._

Domicilio _Dresden_

Resultado

Buenos-Aires 5. 8. 1925

Vacunador
Medico del buque.

Capitán.

No. 69 a.

Nº Mscr. Dresd. App. 2003, 19 (2)

Hamburg-Südamerikanische Dampfschifffahrts-Gesellschaft.

Vacunados á bordo durante el viaje

Vapor _Monte Olivia_

Salida de Hamburgo _11 de Julio 1925_

Nombre _Eva Klemperer_

Edad _43_

Sexo _fem._

Domicilio _Dresden_

Resultado

Buenos-Aires, 5. 8. 1925

Vacunador
Medico del buque.

Capitán.

No. 69 a.

Gestern abend um ½ 9 las Eva eine Anzeige vor: Für 1 000 M achtwöchige _Seereise_ hin und zurück _nach Südamerika_ mit 14tägigem Aufenthalt in Buenos Aires oder Rio. Seitdem wie besessen hiervon. Finanziell wäre es möglich, und unterwegs ließe sich arbeiten.
7. Juni 1925

Im Ganzen war es eine ungemein gelungene und erlebnisreiche Fahrt. [...] Wir haben die Enge des Schiffes und der Kajüte in sehr herzlicher Liebe durchlebt, und Eva ist mir auf dieser Reise wie im ganzen Leben, nun schon 21 Jahre, die beste, die einzige und ganz unentbehrliche Reisegefährtin, so unentbehrlich wie die Luft. [...]
Daß wir _Buenos Aires, Rio, Santos, Bahia, Las Palmas, Lissabon, Vigo_, den Kanal

sahen. Daß wir den lebendigsten Anschauungsunterricht über Dinge der Schiffahrt und des Handels bekamen, daß wir der spanischen Sprache näherrückten. Daß wir wissen, was Südamerika ist, und was es mit dem Ozean auf sich hat, den man tagelang durchfährt, ohne Land, ohne Küstenfeuer, ohne ein Schiff zu sehen (ganz, ganz ohne »Konservenbüchsen«). Vieles, was Phantasie-Vorstellung war, ist nun real geworden und kann jetzt erst recht der Phantasie dienen und das Leben bereichern.
15. September 1925

105./106. Im Sommer 1925 unternahmen Eva und Victor Klemperer eine achtwöchige Seereise nach Südamerika und planten weitere Schiffsreisen.

107. Im Frühjahr 1926 fuhren
Eva und Victor Klemperer mit
dem Frachtdampfer Amalfi
nach Malaga und besichtigten
20 spanische Städte, darunter
auch Zaragoza.

108. Mailand: Dom (Aufnahme
von 1997) – Auf der Rückreise
besichtigten Klemperers
Mailand, Lugano und Zürich.

Dresden! Mehrfach und unabhängig
voneinander haben wir diesen Eindruck von Zaragoza gehabt. Am breiten
Fluß der Kern des Stadtbildes; eine Kuppel und eine Reihe schlanker rokokohaf-
ter Türme, grüne Ebene und Bergland in
der Ferne. – [...] Im Mondschein sah das
alles sehr herrlich aus und wieder kam
die Erinnerung an Dresden. Das Ebro-
wasser, gelb und schäumend, schlug
reißend gegen die riesigen Brückenvor-
sprünge. [...] Es ist das erste Mal, daß ich
von Spanien einen »romantischen« Eindruck erhielt.
21. Mai 1926

Diese letzten Reisetage nippen wir
nur noch an den Dingen, nehmen
überall nur wenige Eindrücke mit. Von
Mailand: den Duomo-Palazzo ohne Türme, und die Eleganz des reichen Lebens.
Dazu das ungemein häufige Vorkommen,
beinahe Überwiegen des Deutschen.
Wo man in der Straße an Leuten vorbei-
kommt: sie sprechen deutsch. Französisch
hört man weniger. [...] Irgendeine patrio-
tische Festlichkeit muß gestern vor sich
gegangen sein. Man sah marschierende
Gruppen (Knabengruppen von Schwarz-
hemden) [...]. Überall jetzt dieser maß-
lose Nationalismus, der insbesondere
die Jugend gepackt hat. In Italien, Frankreich, Deutschland. Ich finde ihn sehr
widerwärtig. Gerade weil ich sehr stark
die Rassen- und Stamm-Unterschiede
bemerke, sehe ich das eigentlich Mensch-
liche und Geistige im Hinauskommen
über den Nationalismus.
30./31. Mai 1926

109. Dresden: Postplatz
(Filmbild 1927)

D ie Studentenschaft und die Hochschule haben je eine platte Festschrift herausgegeben, der Dresdner Anzeiger hat eine Festnummer gebracht; darin sind die Ordinarien abgebildet (nur sie), der Dekan, nein: der »Abteilungsvorstand« groß in der Mitte, die Professoren klein zu seinen Seiten. Also auch ich – klein. Es ist mir in all dem festlichen Treiben klar geworden, klarer als je, daß ich mich niemals, nie, niemals innerlich der Hochschule verbunden fühlen werde.

15. Juni 1928

praktisch=pädagogische Ausbildung an den mit diesen Hochschulen verbundenen pädagogischen Instituten erhalten. Der Rektor der Hochschule übernahm 1924 das pädagogische Institut mit der Versicherung, daß die Technische Hochschule es sich zur Ehre und Pflicht machen werde, ihm seinen Schutz und seine Führung zuteil werden zu lassen.

So ausgerüstet konnte unsere Hochschule auch die ihr 1925 übertragene Aufgabe der Ausbildung der Berufsschullehrer beginnen. Das Fortbildungs= und Berufsschulwesen hat eine immer größere Bedeutung bekommen und ist ein Faktor, der auch im Konkurrenzkampf der Völker recht bedeutsam ist. Die Wirkung einer, an die Volksschuljahre ansetzenden fachlichen und beruflichen Fortbildung tritt beispielsweise in den Worten eines englischen Handelsministers

hat die erpraßte Steigerung und einer Entwicklung. Schon 1914 sagte der d Hochschule:

Kulturwissenschaftliche

Bilder:
A. Richter

Prof. Rudolf
Zittmair
Dr. phil.

Prof.
Hans Gehrig
Dr. rer. pol.

Prof. Viktor
Klemperer
Dr. phil.

Prof.
Richard Kroner
Dr. phil.

Prof. Felix Holldack, Dr.,
Abteilungs=Vorsta

82

110. Luftaufnahme von 1926: Dresden-Südvorstadt mit dem Gelände der Technischen Hochschule

forderten Hochschultyps. Wenn sich die alte Universität durch Hinzufügung von technisch-naturwissenschaftlichen Forschungs- und Lehrmöglichkeiten jetzt ausbaut, wie sie jetzt, um das in der zweiten Hälfte des 19. Jahrhunderts Versäumte nachzuholen, zur Erzielung der vor 100 Jahren als Ideal ihr zugewiesenen Universalität auch den immer weiter sich spannenden Interessenkreis der Technik in ihre Lehr- und Forschungsaufgaben einzugliedern anfängt, so pflegen anderseits die Technischen Hochschulen in akademischer Freiheit der Forschung und des Unterrichts auch die Kulturwissenschaften — schon deshalb, weil die ihnen zugewiesene Hauptaufgabe: die Persönlichkeitsbildung, nur auf einer Vereinigung naturwissenschaftlich-technischer und geisteswissenschaftlicher Bildungselemente gelöst werden kann.

Prof. Paul Tillich
D. Dr. phil.

Prof. Theodor Beste
Dr. rer. pol.

Prof. Gustav Kafka
Dr. phil.

Prof. Christian Janentzky
Dr. phil.

111. Die Professoren der Kulturwissenschaftlichen Abteilung der Technischen Hochschule in Dresden. (Aus der Festgabe des »Dresdner Anzeigers« zur Hundertjahrfeier der Hochschule)

112. Heringsdorf: Die Kuranlagen. Eva und Victor Klemperer verbrachten wiederholt ihren Urlaub in diesem Seebad, das sich zum Ferienzentrum des jüdischen Bürgertums entwickelte.

113. Die Villa Geipel in der Lindenstraße 2 war mehrfach das Urlaubsdomizil von Eva und Victor Klemperer. So auch im Sommer 1926. (Aufnahme von 1927)

114. Agnes, das sorbische Hausmädchen, begleitete Klemperers im August 1926 nach Heringsdorf.

Ich hatte an die Badeverwaltung *Hiddensee* geschrieben. Antwort ein Prospekt mit dem Satz: *»Es muß gesagt werden, daß die Juden Vitte grundsätzlich meiden.«* Ich war einen ganzen Tag lang geradezu krank vor Ekel und Erbitterung.
11. Juli 1926

Heringsdorf. Vor genau 22 Jahren ging unsere erste Reise hierher. Ganz jung, ganz illegitim. Der Lindenhof scheint jetzt ein Geschäft zu beherbergen. Welch eine ungeheure Zeitspanne, welch ungeheurer privater und historischer Inhalt. Ich bin so alt geworden. Aber vielleicht liegen noch einmal 22 Jahre vor mir.
18. August 1926

Bourgeois sind wir geworden. Ein richtiges Zelthaus mit Klapptischchen haben wir gemietet, für 24 M. bis zum 1. X. Da schreibe ich. Und mit uns am Strand ist Agnes, deren Kleidung Aufsehen erregt, und die uns seit gestern abend überwältigend bewirtschaftet und verpflegt. [...] Es ist erstaunlich und erfreulich, mit welcher Intensität das Mädel hier die neuen Eindrücke erlebt, das Meer, die Muscheln, die Flundern, die Schiffe ... Seit Agnes da ist, sind wir vom Gasthaus und Café befreit, auf der Veranda steht das Tischlein deck dich.
20. August 1926

Strandkorb. Wir sahen am Donnerstag abend den Film »Panzerkreuzer Potemkin«. Ein schauerlicher Saal, gräßliches Klavierspiel, und zu den Verstümmelungen durch die Zensur – der Film ist viel umkämpft und verboten worden – traten offenbar noch eigenmächtige Verkürzungen. Trotzdem gewann man ein Bild von der Sache. Einige Szenen großartig. [...] – Und warum ist das nun in der Königlich Deutschen Republik verboten worden?

5. September 1926

115. In Heringsdorf sahen Eva und Victor Klemperer den Film »Panzerkreuzer Potemkin« von Sergej Eisenstein (1925).

Zinnowitz wäre ein Bad wie die andern hier auch, aber es ist das betont judenreine Bad, es ist in Judenreinheit Bansin noch überlegen. Am (sehr langen) Landungssteg führt es die Hakenkreuz-Fahne, und in den Läden kaufte man auf Postkarten das Zinnowitzlied, ein blödsinniges Gereime nach der Melodie »Hi, hip, hurra!«, mit dem Refrain: Fern bleibe der Sohn vom Stamme Manasse und jeder Itz – man wolle keine fremde Rasse in Zinnowitz (auf das ein andermal Gott behüt's! gereimt wird). Es ist ekelhaft, daß solche Verhetzung erlaubt ist. Sie erscheint mir an sich nicht schlimmer und nicht besser als eine kommunistische Verhetzung, aber sie ist erlaubt und die kommunistische ist verboten ...

20. August 1927

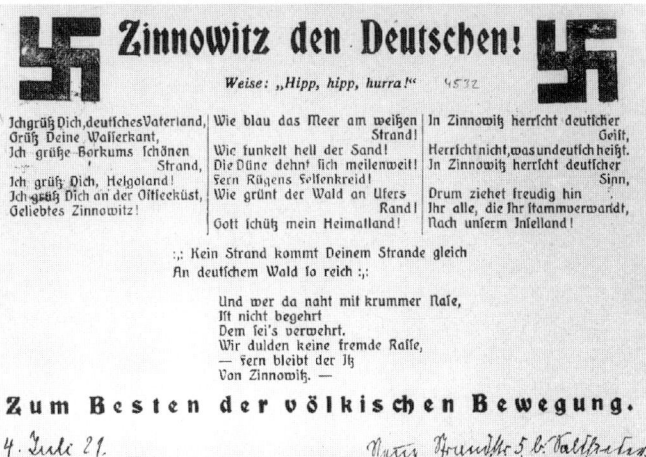

116. Postkarte mit dem »Zinnowitz-Lied« – Bei ihren Spaziergängen nach Bansin und Zinnowitz wurden Eva und Victor Klemperer mit offenem Antisemitismus konfrontiert.

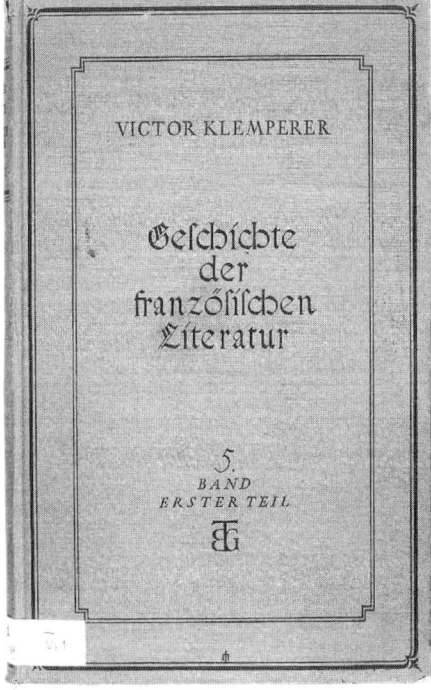

117. Karl Vossler, Rektor der Münchner Universität, im Festzug zur 100-Jahr-Feier der Universität am 27.11.1926. – Victor Klemperer hielt an seiner Verehrung für seinen Lehrer in der Münchner Studienzeit, trotz zeitweiliger Trübung der Beziehung, ein Leben lang fest.

118. 1925/26 erschienen die beiden ersten Teile des 5. Bandes von Victor Klemperers »Geschichte der französischen Literatur«. Trotz zahlreicher wissenschaftlicher Veröffentlichungen erhielt er keine Berufung an eine deutsche Universität.

VICTOR KLEMPERER

Geschichte der französischen Literatur

5. BAND ERSTER TEIL

Die Hoffnung auf eine Berufung. Köln. Schmitt in Bonn, der Staatsrechtler, will für mich eintreten. Hamburg. Lerch schreibt, ich hätte gute Aussichten, ich solle ihm hier meine Nachfolge geben. Ich werde weder nach Köln noch nach Hamburg kommen. Aber das verfolgt mich, zerrt mir an den Nerven, Tag und Nacht.
17. November 1926

In *Hamburg*, schrieb mir *Vossler*, würde ich am Antisemitismus scheitern. [...] Im gleichen Brief rühmte sich Vossler, im Senat die schwarzrotgoldene Fahne für das Fest in der Universität durchgesetzt zu haben. Aber die jüdischen Studenten beim Fackelzug mitvertreten sein zu lassen, ist ihm nicht gelungen.
3. Dezember 1926

Es ist mit meinen Arbeiten wie mit der deutschen Republik. Man hört unterwegs und überall nur ihre Feinde. Man fragt sich immer, wo ihre Freunde sitzen. Und doch müssen ihre Freunde in gewaltiger Überzahl sein: denn sie hält sich. Und ich habe nirgends unter den Kollegen Freunde: Alle Berufungen, alle Kritiken sind gegen mich gerichtet. Aber meine Bücher machen ihren Weg, und meine Verleger zahlen.
4. Juni 1926

Ich stellte für mich diese Unterscheidung auf: Es gibt reaktionäre und liberale Universitäten. Die reaktionären nehmen keinen Juden; die liberalen haben immer schon zwei Juden und nehmen keinen dritten.
26. Dezember 1926

A ls wir neulich aus der Galerie kamen,
zog eine Truppe *maifeiernder Kommunisten* vorüber. Wir sahen zu. Eva ver-
anlaßte mich, eine Propaganda-Ansichts-
karte zu kaufen. Es war mir dummer- und
feigerweise peinlich. Gewiß, ich habe gar
nichts übrig für die Kommunisten. Aber
für die völkische Richtung meiner Kollegen noch viel weniger. Und weshalb für
meine »Carrière« fürchten? Ich habe ja
keine mehr. –

19. Mai 1927

119. Dresden: Wilsdruffer
Straße, Blick in Richtung Postplatz. (Aufnahme aus dem Film
»Anruf 24101« über die Tätigkeit eines Arbeitsamtes)

120. Luftaufnahme des so-
genannten Schweizer Viertels
von 1943 – Im Januar 1928
bezogen Eva und Victor Klemperer hier eine Wohnung in
der Hohen Straße 8¹. (In der
Abbildung durch weißen Kreis
markiert)

Ich mag das Schweizer Viertel nicht.
Es ist tot. Und es hat die plumpe Bour-
geoisie-Eleganz der neunziger Jahre.
Teuer, anmaßlich, und die modernen
Einrichtungen der Neubauten drüben
am Walderseeplatz fehlen. Ungemeinste
Stille. Der dörfliche Eindruck erhöht
durch die vorüberfahrende Auto-Perso-
nenpost. Und durch ein kleines Gasthaus
uns gegenüber (»Schweizerhöhe«), das
noch ein richtiges Dorfhaus ist. Ein Ver-
bindungsschild hängt am Eingang, und
ich vermute, daß die Studenten hier auch
ihre Mensuren austragen. –
17. Januar 1928

Am 1. Juli fand am Nachmittag eine
Versailles-Gedenkfeier statt. Ich hatte
mich davor gefürchtet, sie könnte ein na-
tionalistischer Phrasenschwall werden.
Es verlief aber alles ganz würdig. [...]
Peinlich empfand ich nur, daß die Studen-
ten paarweis die Schläger zusammen-
schlugen, während man am Schluß eine
Strophe des Deutschlandliedes sang. [...]
Das Haus Hohe Straße 6 ist seit einiger
Zeit vom Corps Albingia gemietet; da sehe
ich fast täglich ihre Sitten und Bräuche.
Fechten, fechten, fechten. Jeden Morgen.
Und gestern abend ein großer Kommers
im Garten.
6. Juli 1929

88

Wir fuhren am Nachmittag mit Thieles im Auto nach *Kipsdorf*, gingen dort eine Viertelstunde den Oberkipsdorfer Weg und fuhren zurück. Der ganze Ausflug dauerte zwei Stunden, aber es war eine hübsche Auffrischung des Kipsdorfer Bildes. Im klaren Nachmittagslicht erschienen die Laubstämme der Hügelwälder schon vorfrühlingshaft lila, aber sonst war Winter, reizlos ohne Schnee, nur mit Schnee- und Eisresten. Bei der Rückkehr die vielen Lichter von Dresden im Tal und hügelan zu sehen, war hübsch.

21. März 1928

121. Erzgebirge: Blick auf Kipsdorf. (Aufnahme von 1931). – Oftmals, im Sommer und Winter, erholten sich Eva und Victor Klemperer in diesem nahe gelegenen Luftkurort.

122. Zur Jahrhundertfeier der Technischen Hochschule Dresden im Juni 1928 gab der »Dresdner Anzeiger« eine Festgabe heraus.

123. Festveranstaltung zur Hundertjahrfeier der Dresdner Technischen Hochschule im Schauspielhaus

124. Victor Klemperer mit Karl Vossler und Ehrensenator Fritz Thiele nach dem Festakt – Victor Klemperer hatte erwirkt, daß Karl Vossler zur Jahrhundertfeier der Hochschule zum Ehrendoktor ernannt wurde.

Am Montag und Dienstag (4. und 5.) waren also die offiziellen Feierlichkeiten. Montag am Vormittag in schlichter Aula ohne Chargierte eine Feier für die Gefallenen. *Nägel* hat ein übliches Pathos des Inhalts und des Klanges, das ich nicht vertragen kann; immerhin ist er weniger phrasenhaft und leer als seine technischen Kollegen sonst. […] Ich sagte zu Vossler: Man kann in eigenen Worten sprechen; das ist schön. Man kann auch in Worten sprechen, die aller Welt gehören und doch nicht stören; sie sind wie Brot und Kartoffeln, immer verwendbar, ohne sonderlichen Eigengeschmack. Aber dann gibt es *nicht* allgemeine Worte, erhöhte, die dennoch aller Welt gehören, eine konventionelle Feiersprache. Sie ist greulich. Diese dritte Sprechart existiert in allen Sprachen. (Bei uns gehören neuerdings Fichte-Zitate dazu.) Das gleiche gilt vom Sprach*ton*, von der Art des Vortrags. (Pathos der evangelischen Pastoren z. B.) Über dieses Allgemeine Nichtallgemeine oder die konventionelle Feierlichkeit wäre eine Untersuchung anzustellen. […] Nach Tisch trat dann für anderthalb Tage der Frack in Aktion. Meinen allzubescheidenen Orden ließ ich zu Hause, es glänzten zu große und reiche Gehänge ringsum. Es war also am frühen Nachmittag eine zweite Feier in der Aula, wieder intern und einfach. […] Dann verkündete der Rektor die Ernennungen zu Ehrensenatoren und -doktoren. Auf einem langen Tisch lagen die Rollen bereit und die Etuis mit den Ketten. Der Genannte trat vor und erhielt. Als letzter Vossler.

15. Juni 1928

91

125. Szenenbild aus dem Film »Eisgefahr« von 1929 – Zu Beginn des Jahres 1929 wurde Deutschland von einer Kältewelle ungewöhnlichen Ausmaßes überzogen. Victor und Eva Klemperer entflohen ihr durch eine Sizilienreise.

G rimmigste Kälte. Etliche 20° unter Null bei uns. Seit Tagen von überall her ähnliche Meldungen, bis zu – 40°. Wasserkatastrophe: Einfrierung und Rohrbruch. […] Dies scheint jetzt allgemeines Dresdner Schicksal, die Klempner können den Kampf dagegen nicht mehr durchführen. […] Wir sind sogar noch vom Schicksal bevorzugt: Bei uns funktioniert wenigstens noch der *Abfluß* des Klosetts. Vor *diesem* Zufrieren mag uns Gott behüten.

12./14. Februar 1929

S onntag war Landtagswahl […]. Unsere Maria fragte, warum sie wählen solle, sie sei doch mit 20 Jahren noch nicht mündig und wisse nichts von alledem. Womit sie doch durchaus recht hatte. Aber weil sie das Wahlrecht dazu hatte, nahmen wir sie mit, fragten sie, was der Pfarrer gesagt hatte und zeigten ihr, wie man ein Kreuz ins Zentrumfeld macht. […] 5 Nationalsozialisten wurden gewählt – von wieviel ebenso Wissenden wie unsere Wählerin Maria?

14. Mai 1929

92

126. Im Sommer 1929 schloß sich eine Mittelmeer-Reise bis nach Konstantinopel an. Höhepunkt war Griechenland: »die große Herrlichkeit« Akropolis.

Im Grunde kommt es in Athen immer darauf an, daß die Burg dasteht, im Grunde ist die Burg alles, so wie sie ganz das ursprüngliche Athen war. Und selbst die im Flachland zerstreuten Antiken sind nicht an sich, oder sind doch nur etwas als Umgebung der Burg. Immer ist mir das in diesen Tagen so ergangen, immer wird es mir in der Erinnerung so gehen: Die Akropolis ist Athen, nur sie gilt. Und sie nicht in ihren Einzelheiten (mit einer Ausnahme, einer einzigen, dem Silen), sondern als Ganzes, ungeheuer in ungeheurer Landschaft. [...]
Wir setzten uns dann in ein Auto und fuhren zur Akropolis, die alles beherrscht und von überallher lockt. Ein massiger viereckiger Felsblock. Und oben die Tempel. [...] Dies ganze Gebiet flimmernd in einer Überfülle von Licht, dies Ganze hoch erhoben, frei im Raum. [...] Es hat gar keinen Zweck, es wäre subjektive Lüge, dem Baedeker nach die Einzelheiten zu beschreiben [...]. Nur das Ganze. Die geordnete Masse, die Wucht, die Zierlichkeit, die Helle, das Dominieren über alle Weite und Mannigfaltigkeit. Und dazu wieder, alles erhöhend, das Wissen: hier begann Europa. Und wieder die deutliche Wechselwirkung, das Mirkonkretwerden alter Geschichte.
30. August 1929

127. Im Herbst 1930 wurde in
Dresden die »Hygiene-Aus-
stellung« eröffnet. – Eingang
in den sowjetischen Pavillon
mit der Gestaltung von El
Lissitzky

Am 18. 9. waren wir endlich einmal eine Stunde in der *Hygiene-Ausstellung*. Wir sind kein Publikum für solche Veranstaltungen. Wozu diese Reklame-Aufmachungen? [...] – Wirklich interessant war mir nur der *russische Pavillon*. Interessant und abstoßend. Er will nicht belehren, nicht zeigen und überzeugen, sondern überrumpeln, verwirren, in den Traum verfolgen, einen tollen Gesamteindruck hinterlassen. Gewirr von Zahlen, wechselnd aufglühenden Lichtern, in allem Gewirr! [...] Alles predigt: so wenige Krankenhäuser damals, so viele jetzt; diese Sterblichkeit damals, diese jetzt usw. usw. Aber [...] alles *schwirrt* nur, und dies Schwirren besagt: Wir Sowjets sind als Heilbringer *unermeßlich* bedeutend.

5. Oktober 1930

Die immer stärkere Angst und Unmöglichkeit dem Tagebuch gegenüber. Die Trauer über Evas fortschreitende seelische Erkrankung lähmt mich ganz und gar. Ich muß außerhalb meiner selbst sein, in Lektüre oder Arbeiten. – Außerdem: die Zeitgeschichte brauche ich nicht zu schreiben. Und mein Mitteilen ist ein stumpfes, ich bin halb abgestoßen, halb voller Angst, der ich mich nicht überlassen will, ganz ohne Enthusiasmus für irgend eine Partei. Das Ganze ist sinnlos, unwürdig, jämmerlich – niemand spielt das Stück, alle sind Marionetten. Am 31. 7. zur Reichstagswahl waren wir oben bei Dembers. Sehr interessant an ihrem großen Rundfunk. Wir glaubten »die Republik gerettet.« Jetzt die Reihe der Attentate, Hitler ante portas – oder wer sonst? Und was wird aus mir, dem jüdischen Professor?

7. August 1932

128. Menschen in der Berliner
U-Bahn 1935

95

Fünftes Kapitel
1933–1941

Früher hätte ich gesagt: Ich urteile nicht als Jude, auch andere …
Jetzt: Doch, ich urteile als Jude, weil ich als solcher von der jüdischen Sache im Hitlerismus besonders berührt bin und weil sie
in der gesamten Struktur, im ganzen Wesen des Nationalsozialismus zentral steht und für alles andere mitcharakteristisch ist.
16. April 1941

1933	5. 3. Reichstagswahl, NSDAP verfehlt absolute Mehrheit
	30. 1. Ernennung Hitlers zum Reichskanzler
	27. 2. Reichstagsbrand, Verhaftungswelle politischer Gegner, erste sogenannte »wilde« Konzentrationslager
1935	15. 9. Verabschiedung der »Nürnberger Gesetze« (»Reichsbürger-gesetz«, »Gesetz zum Schutze des deutschen Blutes und der deut-schen Ehre«) auf dem Reichsparteitag der NSDAP in Nürnberg
1936	25. 10. Deutsch-italienisches Abkommen »Achse Berlin–Rom«
	25. 11. Antikominternpakt zwischen Deutschland und Japan
1938	13. 3. »Anschluß« Österreichs an Deutschland
	29. 9. Münchner Abkommen sichert Hitler die Sudetengebiete zu
	9. 11. Organisierte Pogrome gegen die jüdische Bevölkerung
1939	23. 8. Deutsch-sowjetischer Nichtangriffspakt
	1. 9. Deutscher Überfall auf Polen
	3. 9. Kriegserklärung Großbritanniens und Frankreichs an Deutschland
1940	10. 5. Beginn des Westfeldzuges
	Juni Ausbau von Auschwitz zum größten KZ
	22. 6. Waffenstillstand mit Frankreich
	10. 6. Kriegseintritt Italiens
	13. 8. Beginn des Luftkrieges gegen Großbritannien
1941	22. 6. Überfall auf die Sowjetunion
	1. 9. Polizeiverordnung zum Tragen des »Judensterns«
	11. 12. Kriegserklärung von Italien und Deutschland an USA

129. Dresden: Blick über die
Elbe zur Brühlschen Terrasse,
zur Frauenkirche und zum
Rathausturm. (Aufnahme aus
den dreißiger Jahren)

Der Stürmer

Deutsches Wochenblatt zum Kampfe um die Wahrheit

HERAUSGEBER : JULIUS STREICHER

| Nummer 13 | Nürnberg, im März 1933 | 11. Jahr 1933 |

Juda macht mobil

Der Weltjude an der Arbeit

In wenigen Tagen hat die nationale Revolution in Deutschland reinen Tisch gemacht. Was vor kurzer Zeit kein Mensch zu hoffen wagte, hat Adolf Hitler zur Tat werden lassen. Er hat den Marxismus an die Wand gedrückt. Die SPD zerfällt. Die KPD zerfällt. Ein Teil der marxistischen Hetzer und Verführer ist ins Ausland geflüchtet und lügt dort das Blaue vom Himmel. Der andere Teil mußte in Schutzhaft genommen werden, sonst wäre er vom Volke gelyncht worden. Die Sozialführer aber, die noch frei im Lande herumgehen, sind zahm und artig geworden wie brave Kinder. Seit die roten Zeitungen nicht mehr hetzen und lügen können, seit in marxistischen Versammlungen der Bürgerkrieg und Klassenkampf nicht mehr gepredigt werden kann, seit der Terror der Mordzentralen und Verbrecherhöhlen ausgerottet sind, herrscht in Deutschland Ordnung, Friede und Ruhe. Das ganze Volk atmet erleichtert auf. Das Leben hat wieder einen Sinn bekommen. Weite Teile der marxistisch verführten Arbeiterschaft haben zurückgefunden zu ihrem Volk.

Einer aber sieht im deutschen Volke, geladen voll Wut und Haß, voll Gift und Galle. Der Jude. Er hängt zwar die schwarz-weiß-roten Fahnen aus den Fenstern seiner Villen, Banken und Kaufhäuser. Er tut, als ob er mit den gewaltigen Geschehnissen einverstanden wäre. Er ist zu feig sein wahres Gesicht zu zeigen. Er hat eine Maske aufgesetzt. Die Maske des Deutschen. Der Jude in Deutschland aus blasser Angst nicht zu tun wagt, besorgen seine Rassegenossen auf der ganzen übrigen Welt. In den roten Zeitungen der Schweiz, der Tschechei und der übrigen Länder der Welt wird das Deutschland Adolf Hitlers und der Kanzler klein verleumdet, beschimpft und bespöttelt. Die Verfasser dieser Schmäh- und Hetzartikel sind meistens Juden. Tag für Tag geht eine Flut von Lügennachrichten über das neue Deutschland durch die Welt. Die Juden seien in Deutschland vogelfrei, sie würden zu Hunderten erschlagen, ihre Geschäfte seien geplündert, auf den Straßen hätten sich Berge von Leichen, in den Kanälen und Flüssen sollen Hunderte von ermordeten Juden schwimmen, die Inhaftierten seien den grauenhaftesten Torturen und Zeitern aus-

Aus dem Inhalt

Der Proletarierführer
Die heile Strafe für Bonzen
Die Schenker Juden
Was der Deutsche über die Juden wissen muß
Juh Bälder
Justizrat Dr. Blumenstein

Sühne

Kein Fluchen hilft, kein Jammern nicht, es fällt den Spruch das Volksgericht.

gesetzt. So wird die Welt angelogen und aufgeputscht. Die Absicht dieser Greuelmeldungen ist klar. Juda will von außen her durch den neuen deutschen Reich an die Wurzel. Es will vom Auslande her seine verlorengegangene Vormachtstellung in Deutschland zurückerobern.

Tatsache ist, daß unter den in Schutzhaft Genommenen eine ganze Anzahl Juden darunter sind. Juden, die sich Jahre her als Zerstörer unseres völkischen Lebens, unserer Kultur und unserer Wirtschaft betätigt haben. Juden, die das Verbrechen der Novemberrevolution auf dem Gewissen haben. Juden, die als Großschieber und Gauner unser Volk ausplünderten. Sich solcher Kreaturen

zu erwehren und sie unschädlich zu machen, ist das gute Recht eines Volkes. Ist ein Akt berechtigter Notwehr. Weil nun die Zellen deutscher Gefängnisse Juden in übrigens völlig humaner Weise inhaftiert sind, sucht das Weltjudentum nach dem uralten Grundsatze: Ganz Israel bürgt für einander" die gesamte nichtjüdische Welt gegen das Hitlerdeutschland mobil zu machen. Wer den Talmud kennt, kommt hinter das Geheimnis dieser jüdischen Aktion. Im Talmud heißt es:

„Alle Juden sind geborene Königskinder." (Schabbath 67 a).

„Wer einen Juden schlägt, ist des Todes schuldig.

Die Juden sind unser Unglück!

130. Das antisemitische Hetzblatt »Der Stürmer. Deutsches Wochenblatt zum Kampfe um die Wahrheit« erschien von 1923 bis 1945 in Nürnberg. herausgegeben von Gauleiter Julius Streicher.

An den verschiedensten Straßenecken hängt der »Stürmer« aus; er hat besondere Anschlagtafeln, und jede trägt eine große Inschrift: »Die Juden sind unser Unglück.« Oder: »Wer den Juden kennt, kennt den Teufel.« Usw.

17. April 1935

30. Januar: Hitler Kanzler. Was ich bis zum Wahlsonntag, 5. 3., Terror nannte, war mildes Prélude. Jetzt wiederholt sich haargenau, nur mit anderem Vorzeichen, mit Hakenkreuz, die Sache von 1918. Wieder ist es erstaunlich, wie wehrlos alles zusammenbricht. Wo ist Bayern, wo ist das Reichsbanner usw., usw? Acht Tage vor der Wahl die plumpe Sache des Reichstagbrandes – ich kann mir nicht denken, daß irgend jemand wirklich an kommunistische Täter glaubt statt an bezahlte ⚡-Arbeit. Dann die wilden Verbote und Gewaltsamkeiten. Und dazu durch Straße, Radio etc. die grenzenlose Propaganda.

10. März 1933

131.–133. »Dresden ehrt die Arbeit«. (Szenen aus dem Sonderfilmbericht »Tag der nationalen Arbeit«, 1.5.1933)

99

134. Auguste Wieghardt-
Lazar, genannt Gusti, gehörte
seit 1926 zum Freundeskreis
von Eva und Victor Klemperer.
Bis auf die Zeit ihrer Emigra-
tion und gelegentlicher poli-
tischer Zerwürfnisse wegen
ihrer unkritischen Begeisterung für die junge Sowjetunion zu Beginn ihrer Freundschaft war Auguste Wieg-
hardt-Lazar Klemperer bis zu
seinem Tode eng verbunden.

G estern abend war Gusti [...] bei uns,
und morgen sollen wir bei ihr sein.
Man erzählt sich viele Einzelheiten, Greu-
elmärchen, »Märchen« natürlich. Die
Meinungen über die Dauer des Zustandes divergieren, an rasche Änderung
glaubt niemand, was danach kommt,
weiß niemand. Sicher ist, daß sich der
Terror täglich verstärkt. [...] Auch erzählt
Gusti viel von einigen bösen Konzentra-
tionslagern. Von dem Elend, das der jetzt
sechzigjährige Erich Mühsam erduldet.
Er war schon frei, da fand man ein Tagebuch, das er in der Haft geschrieben, und
holte ihn zurück. Ich selber werde immer
vor dem Tagebuchführen gewarnt.

9. Oktober 1933

135. Das »Gesetz zur Wiederherstellung des Berufsbeamtentums« vom 7. 4. 1933 ver-
langte von jüdischen Kriegsteil-
nehmern einen »Frontkämpfer-
Nachweis«. So konnte Victor
Klemperer seine Professur an
der TH Dresden vorerst weiter
wahrnehmen.

U ltimatum der Regierung. Binnen
vier Tagen hatte ich mein bisher
»lediglich wahrscheinlich gemachtes«
Frontkämpfertum zu beweisen. Aus München kam heute meine »Frontkämpfer-
Bescheinigung«. Sie lautet auf »ein Ge-
fecht« und »Stellungskämpfe in Franzö-
sisch-Flandern vom 19. 11. 15–19. 2. 16«.
Eva sagte gleich, das stimme nicht, und
tatsächlich fand ich im Nachblättern meiner Briefe, daß ich noch am 4. April vorn
war und erst an diesem Tag ins Lazarett
kam.

28. August 1933

Unser »Acker« soll jetzt seinen Zaun erhalten, wir haben sieben Kirschbäume bestellt und zehn Stachelbeersträucher. Ich zwinge mich so leidenschaftlich zu tun, als ob ich an den Hausbau glaube, daß ich mir auf Couésche Art ein bißchen Glauben einzwinge und derart Evas Stimmung zu stützen vermag. Aber es geht nicht immer, und es steht schlecht um Eva, der die politische Katastrophe furchtbar nahegeht.

10. April 1933

136. Blick über Dölzschen auf Dresden. (Aufnahme von 1997)

An diesem Punkt, 1.10.34, Umzug ins eigene Haus – unter welchen Umständen, mit welchen Gefühlen, wie anders, als man sich das sonst denkt, mit welch bittersten Erinnerungen, mit wieviel Sorge, beginne ich einmal meine Erinnerungen. Wenn mir Leben zu ihnen bleibt.

6. Oktober 1934

137. Das noch unfertige Haus in Dölzschen. Am Kirschberg 19. Besichtigung der Baustelle mit Maria Lazar-Strindberg. Schwester von Auguste Wieghardt-Lazar (rechts) – Trotz finanzieller Schwierigkeiten begannen Klemperers im März 1933 mit dem Bau eines Hauses, das sich besonders Eva Klemperer wünschte.

101

Gestern in der Landesbibliothek: […] Gespräch mit dem sehr alt gewordenen Direktor Bollert und dem jungen Dr. Kästner. […] Bollert sagte tröstend in Gegenwart des jungen Dr. Kästner: »Sie glauben nicht, wie wenig Nationalsozialisten es gibt. Es kommen so viele Menschen zu mir. Zuerst weit ausgestreckter Arm, Hitlergruß. Dann tasten sie sich im Gespräch heran. Dann, wenn sie sicher geworden sind, fällt die Maske. Ich selber muß den Arm ausstrecken. Ich sage ›Heil‹ – aber ›Heil Hitler‹ bringe ich nicht über die Lippen. […]«

13. Juni 1934

138. Martin Bollert, Direktor der Sächsischen Landesbibliothek. (Gemälde von Ernst Richard Dietze, 1942)

139. Plakat zur Propagierung einer Kundgebung mit Hermann Göring. derzeit preußischer Ministerpräsident. später Reichsmarschall

Heute ist Göring zu »Staatsbesuch« in Dresden. Anordnung: Alle Dienstgebäude flaggen drei (!) Tage, bis Montag abend; die Bevölkerung wird aufgefordert ... Das steht erst heute in den »Dresdener NN«. In den Straßen sehe ich viele, hier wenige Fahnen. Wenn morgen die ganze Straße flaggt, muß ich es auch tun.

[...] Wir fuhren nach fünf auf eine Stunde zu Blumenfelds. An der Löbtauer Straße Auflauf, Halten des Autobus, Stauung. Straße gesperrt: Göring soll durchkommen. Ich ging nach vorn. Vor zehn Minuten habe ein Motorrad den Befehl gebracht. Etwa eine Viertelstunde staute sich der Verkehr, nichts kam, dann wurde Passage freigegeben. Der Schaffner erzählte: Das war am Nachmittag schon einmal so, und auch da kam er nicht. – So schützt man den Mann, in grenzenloser Angst. Wahrscheinlich fährt er auf nicht gemeldeter Route. Aber in der Zeitung: »grenzenloser Jubel der Bevölkerung«.
9./10. Februar 1935

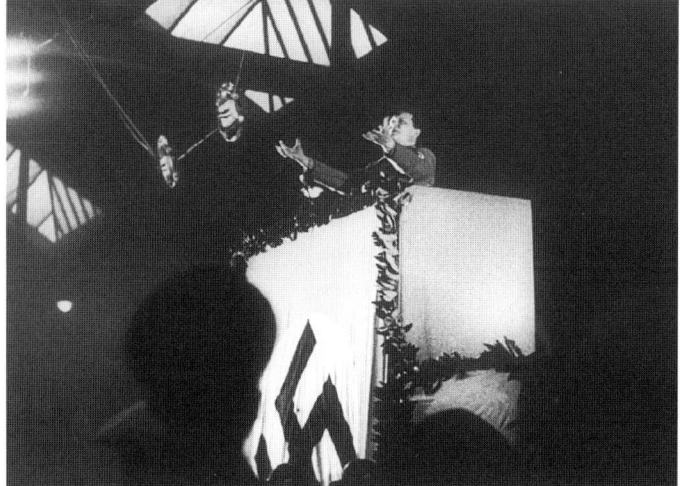

140. Filmbild aus dem Progagandafilm »Ministerpräsident Göring besucht Dresden am 9. und 10. Februar 1933«

141. Joseph Goebbels, Reichs-
minister für Volksaufklärung
und Propaganda, und Martin
Mutschmann, Gauleiter der
NSDAP und Reichsstatthalter
von Sachsen, während einer
Veranstaltung am 26.10.1933
in Dresden

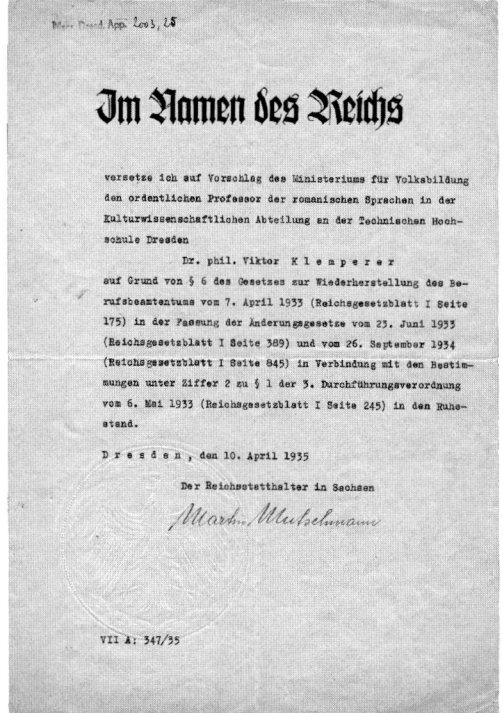

142. Entlassungsurkunde für
Victor Klemperer

Sprache des dritten Reiches: Der Propagandaminister zeichnet immer »*Dr.* Goebbels«. Er ist der Gebildete in der Regierung, d. h. der Viertelgebildete unter Analphabeten. Merkwürdig verbreitet ist die Meinung von seiner geistigen Potenz; man nennt ihn oft »den Kopf« der Regierung. Welche Bescheidenheit der Ansprüche. Ein besonders guter Witz: Hitler, der Katholik, habe zwei neue Feiertage kreiert: Maria Denunziata und Mariae Haussuchung.
14. Oktober 1934

Am Dienstag morgen, ohne alle Ankündigung mit der Post zugestellt zwei Blätter: a) Ich habe auf Grund von § 6 des Gesetzes zur Wiederherstellung des Berufsbeamtentums … Ihre Entlassung vorgeschlagen. Entlassungsurkunde anbei. Der kommissarische Leiter des Ministeriums für Volksbildung. b) »Im Namen des Reiches« die Urkunde selber, unterzeichnet mit einer Kinderhandschrift: Martin Mutschmann. […] Erst war mir abwechselnd ein bißchen betäubt und leicht romantisch zumut; jetzt ist nur die Bitterkeit und Trostlosigkeit fühlbar.
2. Mai 1935

Georg gratulierte mir jetzt aus New York, wo er seine Söhne besucht. Drei sind jetzt in USA, nur Otto, der Physiker, ist in Cambridge. [...] Wolfgang Klemperer, Felix' zweiter, in New York studierend, schrieb mir: »Der größte Teil der Familie Klemperer ist jetzt in Amerika.« Er hat recht: fast die ganze männliche nächste Generation.

14. Oktober 1934

143. Georg Klemperer, der älteste Bruder von Victor Klemperer, ab 1906 Direktor der Inneren Abteilung des Städtischen Krankenhauses Moabit (1909 als IV. Medizinische Klinik der Universität angegliedert), wurde im Mai 1933 zwangsemeritiert und emigrierte 1936 in die USA. (Aus: »Deutsche Allgemeine Zeitung« vom 5.5.1935)

Georg schrieb, er wandere aus, er werde mich vorher noch sehen. [...] Gestern sprach ich Marta auf dem Bahnhof; sie fuhr zu ihrem Jungen nach Prag; er wartet noch immer auf Einreiseerlaubnis nach Rußland. Sie erzählte, Georg ist nach Boston übersiedelt, wo sein Sohn als Arzt am Hospital angestellt ist. [...] Ich werde ihn wohl nicht wiedersehen. Er ist über siebzig, und ich bin mit meinem Herzen herunter.

6. März 1936

144. Georg Klemperer während eines Aufenthaltes in der Schweiz im August 1937 mit Peter Klemperer, dem Sohn seines Bruders Berthold

145. Luftaufnahme von Dresden mit Neumarkt und Frauenkirche

Ich meldete mich bei Strohbach zu einem Fahrkurs an, zahlte 60 M für 12 Stunden, und begann am 22. 11. nach zwei Theoriestunden zu fahren. Erst ging es zum Verzweifeln schlecht, ich kam völlig zerschlagen und durchnäßt nach Hause, dann viel besser – Höhepunkt des Stolzes: eine Fahrt durch die ganze Stadt (ohne Angstgefühl!) bis fast nach Pillnitz und zurück (Luthe, der Fahrer, Mechaniker von 40 Jahren, biederer Mann: »Sie werden noch ein kleener Rennfahrer, Herr Professor!«), und eine Kleinfahrt hier oben mit Eva im Wagen (wenige Minuten), zuletzt wieder verzweiflungsvoll (»Ich weiß nicht, Herr Professor, Sie geben immer Gas, wenn Sie es wegnehmen müssen, Sie fahren in jedes Hindernis hinein, Sie können nicht lenken« ... etc. etc.). [...] Nach Überwindung der schweren Depression, daß der erste Fahrkurs erfolglos geblieben und daß mein »Ruhegehalt« so niedrig bemessen worden (480 M), meldete ich mich aus Trotzstimmung am 28. 12. zum zweiten Kurs an.
31. Dezember 1935/25. Januar 1936

Am Mittwoch nachmittag sah ich mir noch einmal ein bißchen die Maschine an, die mir noch immer ziemlich geheimnisvoll ist; Verkehrsregeln glaubte ich zu kennen. Am Donnerstag früh dreiviertel acht sollte ich in der Kulmstraße 2 sein. [...]

Luthe hatte mich auf wenig Gas und immer noch weniger Gas gedrillt, auf sanftestes Anfahren. Ich fuhr so sanft an, daß der Wagen nicht von der Stelle ging. »So geht es nicht«, sagte der Ingenieur hinter mir. Dann rollte der Wagen. Postplatz, Altmarkt, Johannstraße, rechts, zur Prager hinüber, gekreuzt, noch eine Schleife, zum Bahnhof hinaus, Bismarckplatz, Werderstraße. Es ging nicht eigentlich schlecht. Aber ich hatte Schmerzen in der Brust, und Luthe stieß mir andauernd heimlich den Fuß vom Gaspedal, und Lindner rief von hinten: »Sie bleiben ja stehen, geben Sie doch Gas!« Als ich mich schon außer Gefahr glaubte, bei der Werderstraße: »Halten, wenden!« Natürlich verwechselte ich wieder rechts und links. Aber dann kam ich herum, und der Ingenieur war ganz sanft. Er schien Mitleid mit meinem hohen Alter zu haben. [...]

»Eine Glanzleistung war es nicht – ich gebe Ihnen den Führerschein!«

25. Januar 1936

146. Dresden: Wilsdruffer Straße und Altmarkt. (Aus dem Kulturfilm über Dresden »Fahrende Stadt«, um 1937)

147. Pirnaischer Platz mit Blick in die Landhausstraße mit Schloßturm. (Aus einem Filmfragment »Straßenverkehr in Dresden und Berlin«)

107

148. »Großer SA-Ruf« im Zwinger, Zeremoniell anläßlich des Besuches von Hitler in Dresden am 26. 1. 1936

Die politische Lage bedrückt mich immer mehr. Hoffnung, einen Umschwung zu erleben, ist kaum noch vorhanden. Alles duckt sich – die Gemeinheit triumphiert überall. Gestern die prunkvollen Feiern des 30. Januar. *Drei Jahre!* Es können hundert werden.

31. Januar 1936

149. Reichsgartenschau 1936
im Dresdner Großen Garten

W ir sind bei strömendem Regen und
aufgeweichtem Boden von sechs
bis dreiviertel sieben durch die Garten-
ausstellung gewatet, die heute eröffnet
wurde; ich habe meinen Willen durchgesetzt und Eva im Auto hingefahren.
Auf dem Stübelplatz manövrierte ich
noch miserabel und mußte in eine Sei-
tenstraße – aber ich habe meinen Willen
durchgesetzt. In der Ausstellung war bisher wenig zu sehen, in der Hauptsache
Hallen mit Bildern und Worten im Rekla-
mesinn des 3. Reiches, für Hitler, Blut und
Boden, schaffende Arbeiter, Bauern etc.
24. April 1936

D er neueste Vorstoß des Bürgermei-
sters: »Erregung öffentlichen Ärger-
nisses« durch den Zustand meines Gartens. [...] Die Sache erbittert und beäng-
stigt mich seit gestern dermaßen, daß
alles andere dagegen zurücktritt. Wir
sind so mittelalterlich hilflos ausgeliefert.
27. September 1936

150.

Trostlosigkeit der Lage. Eine Verordnung für Beamte: Sie dürfen »nicht mit Juden, auch nicht mit sogenannten anständigen Juden, und übelbeleumundeten Elementen« verkehren. Wir sind völlig isoliert.

28. April 1936

151. Das Haus in Dölzschen, Am Kirschberg 19, in dem Eva und Victor Klemperer seit dem 1. 10. 1934 wohnten.

Stimmung des Hochzeitstages? Ich fühle mich alt, ich habe kein Zutrauen zu meinem Herzen, ich glaube nicht, daß ich noch viel Zeit vor mir habe, ich glaube nicht, daß ich das Ende des Dritten Reiches erlebe, und ich lasse mich doch ohne sonderliche Verzweiflung fatalistisch treiben und kann die Hoffnung nicht aufgeben. Evas starres Festhalten am Ausbau des Hauses ist mir eine Stütze. Wie ich den Druck, die Schmach, die Unsicherheit, die Verlassenheit ohne Eva aushalten sollte, ist mir unbegreiflich. Es geht wirklich immer böser zu.

16. Mai 1936

152. Eva und Victor Klemperer vor ihrem Haus

Das Auto soll uns ein Stück Leben und die Welt wiedergeben. [...] Welchen Zweck hat es in dieser Zeit, an nächstes Jahr zu denken? Vielleicht bin ich dann ermordet, vielleicht wieder im Amt, vielleicht ist die Versicherung durch die Inflation zerstört wie schon einmal, vielleicht – ich *will* leichtsinnig sein, ich will es ganz bewußt sein.

31. Dezember 1935

153. Am 2. 3. 1936 kaufte Victor Klemperer das langersehnte Auto: einen gebrauchten Opel, Baujahr 1932, 32 PS, 6 Zylinder: »ein Desperado-Abenteuer«. Wegen seiner ständigen Tücken wurde das Auto »Bock« genannt.

In Piskowitz bei Kamenz ist Agnes, unser erstes wendisches Mädchen, Vermittlerin der folgenden, seit sieben Jahren verheiratet. Wir hatten ihr versprochen, die erste Fahrt im Auto gehe zu ihr, und zum gestrigen Sonntag waren wir eingeladen worden. [...] Um halb eins hielten wir auf dem Marktplatz in Kamenz. Wir hatten genau 45 km hinter uns, stellenweise war ich auf 50 km Geschwindigkeit gekommen. [...] Irgend etwas besonders Wendisches oder sonst etwas Besonderes schien mir der Ort nicht zu bieten, die Kleinstadt mit dem zentralen Marktplatz, wo jetzt die Autos parken, und wo der »Stürmer« mit seinen schönen Inschriften eine Säule hat. Paßt gut zum Lessingkult. Ich fuhr in schneidigstem Bogen in eine schwierige Tankstelle ein und aus ihr heraus; danach noch 7 km auf schlechter Straße [...] durch ein paar Dörfer nach Piskowitz. Dort hielten wir bei den ersten Regentropfen und sahen uns um. Indem tauchte Agnes' Mann auf, und wir fuhren in sein Gehöft ein.

10. Mai 1936

154. Besuch in Piskowitz bei Agnes Scholze (sitzend), die von 1925 bis zu ihrer Heirat 1929 Haushaltshilfe bei Klemperers war, dahinter ihr Mann Michel Scholze. (Aufnahme von Mai 1936)

155. Filmbild aus »Das olympische Feuer in Dresden«, 1936. Bericht über den Olympia-Fackel-Staffellauf durch Dresden

112

156. Olympiade 1936 in Berlin: Der amerikanische Sportler Jesse Owens am Start zum 100 m-Lauf. Mit drei Goldmedaillen war er der erfolgreichste Sportler der Olympiade.

Die Olympiade, die nun zu Ende geht, ist mir doppelt zuwider. 1. als irrsinnige Überschätzung des Sports; die Ehre eines Volkes hängt davon ab, ob ein Volksgenosse zehn Zentimeter höher springt als alle anderen. Übrigens ist ein Neger aus USA am allerhöchsten gesprungen, und die silberne Fechtmedaille für Deutschland hat die Jüdin Helene Meyer gewonnen (ich weiß nicht, wo die größere Schamlosigkeit liegt, in ihrem Auftreten als Deutsche des Dritten Reiches oder darin, daß ihre Leistung für das Dritte Reich in Anspruch genommen wird). […] Und 2. ist mir die Olympiade so verhaßt, weil sie nicht eine Sache des Sports ist – bei uns meine ich –, sondern ganz und gar ein politisches Unternehmen. »Deutsche Renaissance durch Hitler« las ich neulich. Immerfort wird dem Volk und den Fremden eingetrichtert, daß man hier den Aufschwung, die Blüte, den neuen Geist, die Einigkeit, Festigkeit und Herrlichkeit, natürlich auch den friedlichen, die ganze Welt liebevoll umfassenden Geist des Dritten Reiches sehe. Die Sprechchöre sind (für die Dauer der Olympiade) verboten, Judenhetze, kriegerische Töne, alles Anrüchige ist aus den Zeitungen verschwunden, bis zum 16. August, und ebensolange hängen Tag und Nacht die Hakenkreuzfahnen. In englisch geschriebenen Artikeln werden »Unsere Gäste« immer wieder darauf hingewiesen, wie friedlich und freudig es bei uns zugehe, während in Spanien »kommunistische Horden« Raub und Totschlag begingen. Und alles haben wir in Hülle und Fülle.

13. August 1936

Unser Plan geht dahin, am Montag über Frankfurt nach Strausberg zu Grete zu fahren, am Dienstag mit ihr nach Landsberg. Mittwoch wollen wir dann bei Marta sein, einen Ausflug mit ihr machen, Donnerstag etwas von Berlin sehen und zurückfahren. [...]

Am anderen Morgen, etwa um zehn, nach Landsberg. Gute glatte Fahrt – wir hatten während der ganzen Reise völliges Wetterglück. Sehr ärgerlich war mir nur, daß Grete später allen Ernstes fragte, ob ich auch fahren könne, wenn ich allein sei und Eva nicht ständig dirigierte, »Achtung Kurve!« oder »Mehr rechts!« usw. »Ich dachte, ihr hättet euch eingeteilt, du führest nach ihren Angaben und nicht allein wie ein Chauffeur!«

12. Mai/22. Mai 1937

157. Auf der Fahrt mit dem Auto nach Berlin: Zwischenstation in Strausberg bei Victor Klemperers Schwester Margarete Riesenfeld, genannt Grete. Gemeinsam fuhren sie von hier aus nach Victor Klemperers Geburtstadt Landsberg a. d. Warthe.

158. Berlin: Brandenburger Tor und Pariser Platz. (Aufnahme von Juli 1938)

Wir fuhren durch das Brandenburger Tor, die Charlottenburger Chaussee und in die unbekannte westliche Weite, wir waren am Funkturm, wir fuhren zweimal über die Halenseebrücke, bis wir endlich die Kudowastraße fanden. Überall schönste Villenstraßen, überall Straßen mit großen Mietshäusern und doch grüngebettete und gründurchzogene Straßen. Das hat es gewiß schon vordem gegeben, das gibt es ähnlich auch bei uns in Dresden – aber diese riesige Ausdehnung! Wahrhaftig, die Weltstadt. Ich weiß nicht: Ist Berlin wirklich so gewachsen, oder bin ich so verbauert? Jedenfalls war ich förmlich fasziniert, und der ungeheure Eindruck der Stadt verstärkte sich immer mehr.

22. Mai 1937

159. Titelblatt des »Illustrierten Film-Kuriers« mit einem Bild aus dem Film »Maskerade« (Regie Willi Forst, 1934) mit Paula Wessely und Adolf Wohlbrück

160. Die Klinik in Pirna, die Annemarie Köhler und Friedrich Dreßel seit März 1937 als gemeinsame Privatklinik leiteten. Zu Annemarie Köhler, langjährige Freundin der Klemperers, brachte Eva Klemperer später die Tagebücher ihres Mannes und das Manuskript von »Curriculum vitae«, um sie vor dem Zugriff der Gestapo zu schützen.

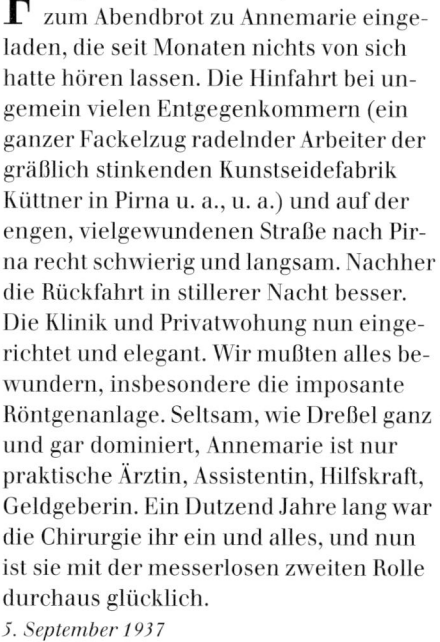

Für gestern, Sonnabend, waren wir zum Abendbrot zu Annemarie eingeladen, die seit Monaten nichts von sich hatte hören lassen. Die Hinfahrt bei ungemein vielen Entgegenkommern (ein ganzer Fackelzug radelnder Arbeiter der gräßlich stinkenden Kunstseidefabrik Küttner in Pirna u. a., u. a.) und auf der engen, vielgewundenen Straße nach Pirna recht schwierig und langsam. Nachher die Rückfahrt in stillerer Nacht besser. Die Klinik und Privatwohung nun eingerichtet und elegant. Wir mußten alles bewundern, insbesondere die imposante Röntgenanlage. Seltsam, wie Dreßel ganz und gar dominiert, Annemarie ist nur praktische Ärztin, Assistentin, Hilfskraft, Geldgeberin. Ein Dutzend Jahre lang war die Chirurgie ihr ein und alles, und nun ist sie mit der messerlosen zweiten Rolle durchaus glücklich.

5. September 1937

161. Annemarie Köhler (links) und Friedrich Dreßel (rechts) mit anderen Mitarbeitern des Johanniter-Krankenhauses in Heidenau. (Aufnahme Anfang/Mitte der dreißiger Jahre)

Am 24, letzten Sonntag, war Bautzen geplant: Hinter dem Weißen Hirsch, ein paar hundert Meter vor und tief unter der nächsten Tankstelle, versagt der Wagen. [...] Dort langes Herumarbeiten, Benzinspritze in Vergaser. Danach flott (Überhitzung). [...] Immer wieder: die wunderschöne Landschaft bei Dresden. Aber die Ekelfiguren beim Weißen Hirsch: »Der Hirsch verjagt den Juden.« Und gerade hier die allerfreundlichste Hilfe, und jede Bezahlung abgelehnt.

27. Juli 1938

Nr. 89. Seite 5

Dresdner Tageszeitung

In Dresden geht der Jude nicht mehr um

Seit dem frühen Mittelalter wehrte sich die Bevölkerung gegen die jüdische Geißel

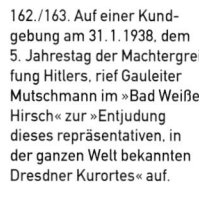

Dem „Weißen Hirsch" ward es zu toll!

162./163. Auf einer Kundgebung am 31.1.1938, dem 5. Jahrestag der Machtergreifung Hitlers, rief Gauleiter Mutschmann im »Bad Weißer Hirsch« zur »Entjudung dieses repräsentativen, in der ganzen Welt bekannten Dresdner Kurortes« auf.

Ich glaube nicht mehr an diese Vorhersagen des Zusammenbruchs. Ich sehe, wie sehr sich das Ausland um Deutschland bemüht, wie man es in der Sudetensache zu besänftigen sucht, ich sehe überall bei uns Prunk, Vergnüglichkeit, Sattessen, vollkommene Ruhe. [...] Ich glaube allmählich so fest an die Unerschütterlichkeit der NSDAP, als wäre ich geschworenster Anhänger ... So sind unsere Herzen sehr bedrückt und alle Tage ein bißchen mehr.

2. September 1938

164. Aus einem Werbefilm des Dresdner »Luisenhofes« um 1935

Dresdner Anzeiger

Ausgabe A u. B *Bezugspreise: Ausgabe A mit „Dresdner Illustrierte" monatl. 2.55 RM. Ausgabe B ohne „Dresdner Illustrierte" monatl. 2.25 RM. (einschl. Trägerlohn); im Dresden Bezug bei Abholung von einer unserer Abholestellen: Ausgabe A mit „Dresdner Illustrierte" wöchentl. 50 Rpf. (einschl. 5 Rpf. Agenturvergütung), Ausgabe B ohne „Dresdner Illustrierte" wöchentl. 45 Rpf. (einschl. 5 Rpf. Agenturvergütung), durch die Post Ausgabe A mit „Dresdner Illustrierte" monatl. 2.97 RM. (einschl. 49.7 Rpf. Postzeitungsgebühr und 42.3 Rpf. Postzustellgebühr), Ausgabe B ohne „Dresdner Illustrierte" monatl. 2.67 RM. (einschl. 47.18 Rpf. Postzeitungsgebühr und 42 Rpf. Postzustellgebühr). Anzeigenpreise: Millimeterzeile (22 mm breit) 13 Rpf. im Textteil (72 mm breit) 91 Rpf. Für Erscheinen von Anzeigen in bestimmten Nummern und an bestimmten Plätzen keine Gewähr. – Geschäftsstelle: Breite Straße 7/9. Fernsprecher-Sammelnummer: 25291. Postscheckkonto: Dresden 4559. Stadtbank 12A. Erfüllungsort und Gerichtsstand Dresden. Der „Dresdner Anzeiger" enthält die amtlichen Bekanntmachungen der Kreishauptmannschaft Dresden-Bautzen, der Amtshauptmannschaften Dresden, Pirna und Meißen als Aktsblatt-ämter, des Landgerichts, der Staatsanwaltschaft beim Landgericht, des Amtsgerichts, des Arbeitsgerichts, der Finanzämter, der Hauptzollämter Dresden A und N, des Polizeipräsidenten und des Oberbürgermeisters der Landeshauptstadt Dresden.*

| 209. Jahrgang. Nr. 269 | Freitag, den 30. September 1938 | Einzelnummer 10 Pf. |

Ein deutsch-englisches Friedensabkommen

Eine Freudenbotschaft
für die ganze Welt

Das Werk der Befriedung — Sudetenland wird vom 1. Oktober an frei — Hoffnungen auf weitere gute Zusammenarbeit in Europa — Der Tschechenterror wütet noch

165.

Heute um drei die vier in München. Die Tschechei bleibe bestehen, Deutschland bekomme das Sudetenland, wahrscheinlich eine Kolonie dazu. – Alles weitere wird in den Geschichtsbüchern stehen. Mein Tagebuch interessiert nur dies: Für das Volk in der »Aufmachung« der deutschen Presse ist es natürlich der absolute Erfolg des Friedensfürsten und genialen Diplomaten Hitler. Und wirklich ist es ja auch ein unausdenkbar ungeheurer Erfolg. Kein Schuß fällt, und seit gestern marschieren die Truppen ein. Man wechselt Friedens- und Freundschaftswünsche mit England und Frankreich, Rußland ist geduckt und still, eine Null. Hitler wird noch übermäßiger gefeiert als in der Österreichsache. Gestrige Schlagzeile der »Dresdner NN«: *Das Volk der achtzig Millionen grüßt seinen großen Führer.* Und es ist auch wirklich ein Ungeheures erreicht. Aber *wir* sind nun zur Negersklaverei, zum buchstäblichen Pariatum verurteilt bis an unser Ende.
2. Oktober 1938

A m Montag im »Capitol« Sudermanns »Heimat«. [...] Im Vorfilm die Zusammenkunft in München, Marseillaise beim Landen des Daladier-Flugzeugs, Stück aus Hitlers letzter Kriegsrede, Sudetenszenen. Wieder sehr starkes Klatschen. Offenbar ist allen eine Last von der Seele. Es ist nicht abzusehen, was dem dritten Reich innen oder außen noch irgend Gefahr bringen könnte. München bedeutet für Hitler ein Austerlitz.

5. Oktober 1938

166.–168. Bilder aus der Ufa-Tonwoche 422/1938 – Oben: Der britische Pemierminister Chamberlain nach der Unterzeichnung des Münchner Abkommens. Mitte und unten: deutsche Soldaten im Sudetenland.

169. In der Pogromnacht vom 9. zum 10.11.1938 brannte die Dresdner Synagoge. erbaut von Gottfried Semper. bis auf die Umfassungsmauern ab. Der Stern wurde von der noch brennenden Synagoge durch Feuerwehrleute abgenommen.

Sämtliche jüdische Geschäfte sind sofort von SA-Männern in Uniform zu zerstören. Nach der Zerstörung hat eine SA-Wache aufzuziehen, die dafür zu sorgen hat, daß keinerlei Wertgegenstände entwendet werden können. Die Verwaltungsführer der SA stellen sämtliche Wertgegenstände einschließlich Geld sicher. Die Presse ist heranzuziehen. Jüdische Synagogen sind sofort in Brand zu stecken, jüdische Symbole sind sicherzustellen. Die Feuerwehr darf nicht eingreifen, es sind nur Wohnhäuser arischer Deutscher zu schützen von der Feuerwehr. Jüdische anliegende Wohnhäuser sind auch von der Feuerwehr zu schützen, allerdings müssen die Juden raus, da Arier in den nächsten Tagen dort einziehen werden.

Die Polizei darf nicht eingreifen. Der Führer wünscht, daß die Polizei nicht eingreift. […]«

Telefonisch aus München erteilter Befehl des Führers der SA-Gruppe Nordsee vom 9. November 1938 zur Durchführung des Pogroms

Die letzten Filme, die wir noch sehen *durften* – die Programmhefte liegen wohl schon zwei Monate hier herum oder noch länger, waren der Zirkusfilm »Fahrendes Volk« […] und der literarisch wie schauspielerisch gleich wertvolle Film: »Die vier Gesellen«.

6. Dezember 1938

170. Plakat für den Ufa-Film »Die vier Gesellen« von 1938 (Regie: Carl Froelich), einer der letzten Filme, die Klemperer sehen konnte, bevor die Anordnung des Präsidenten der Reichskulturkammer, Joseph Goebbels, vom 12.11.1938 Juden den Zutritt zu »Darbietungen der deutschen Kultur« verbot.

171.

121

Mscr. Dresd. App.
2003, 43

Nicht vom Ansucher auszufüllen!

AMERIKANISCHES GENERALKONSULAT BERLIN W 9
Bellevuestraße 8.

Herrn - Frau - Fräulein *Victor Klemperer*
Eva "

Unter Bezugnahme auf den hier eingereichten, von Ihnen ausgefüllten Fragebogen, enthaltend Ihr Ansuchen um Vormerkung zwecks Einwanderung in die Vereinigten Staaten von Amerika, wird Ihnen mitgeteilt, daß Sie unter dem Datum des *13. Jan.* 1938 auf der *deutschen*
Warteliste unter Vormerknummer *56 429, 56 430*
eingetragen sind.

Sie werden rechtzeitig verständigt werden, wann Ihre Nummer auf der Warteliste an die Reihe gekommen ist. Dieses Schriftstück ist sorgfältig aufzubewahren. Die Vormerknummer ist nicht die Quotennummer, hier ist nicht die Quotennummer, bescheinigt erhalten haben, ist es ganz verständlich nur die niedrigste Nummer.

172. Mitteilung des amerikanischen Generalkonsulates mit den Nummern der Warteliste für Eva und Victor Klemperer

G ehen oder bleiben? Zu früh gehen, zu lange bleiben? Ins Nichts gehen, im Verderben bleiben? Wir bemühen uns immerfort, alle subjektiven Gefühle des Ekels, des verletzten Stolzes, alles Stimmungshafte auszuscheiden und nur die Konkreta der Situation abzuwägen. [...] Ich schrieb am Tag nach der Verhaftung, am Sonnabend, 12. 11., dringende SOS-Briefe [...]. Der kurze Brief an Georg begann: »Sehr schweren Herzens, aus ganz veränderter Situation, ganz an den Rand gedrängt, ohne Details: Kannst Du für meine Frau und mich Bürgschaft leisten, kannst Du uns beiden für ein paar Monate drüben helfen?«

27. November 1938

I n der letzten Zeit habe ich nun wirklich alles Menschenmögliche versucht, um hier rauszukommen: Das Verzeichnis meiner Schriften und meine SOS-Rufe sind überallhin gegangen: nach Lima, nach Jerusalem, nach Sidney, an die Quäker in Livingstone. Das von Georgs Jüngsten überschickte Affidavit gab ich an das Berliner USA-Konsulat [...]. Aber das irgend etwas von alledem irgend etwas helfen wird, ist mehr als zweifelhaft.

31. Dezember 1938

J eder bemüht sich krampfhaft hinauszukommen, aber das wird immer schwerer. Uns persönlich scheint es nicht zu gelingen. Alles schweigt. Vom amerikanischen Generalkonsulat in Berlin erhielten wir die »Vormerknummern der Warteliste«: 56 429 und 30.

6. März 1939

An allen Ecken, in hundert Schaufenstern das ekelhafte Werbeplakat
der »politischen Wanderausstellung:
Der ewige Jude«. In der Zeitung tägliche
Hinweise auf die Notwendigkeit, diese
Ausstellung zu besuchen: »Die abscheu-
lichste Rasse, das scheußlichste Bastard-
gemisch«.

7. April 1939

173. Zeitungsseite aus
»Der Freiheitskampf« vom
24.3.1939 zur Ausstellung
»Der ewige Jude« – An diesem Tag eröffnete Gauleiter
Martin Mutschmann die zuvor
in München, Wien, Berlin und
Bremen gezeigte Propagan-
daschau in Dresden.

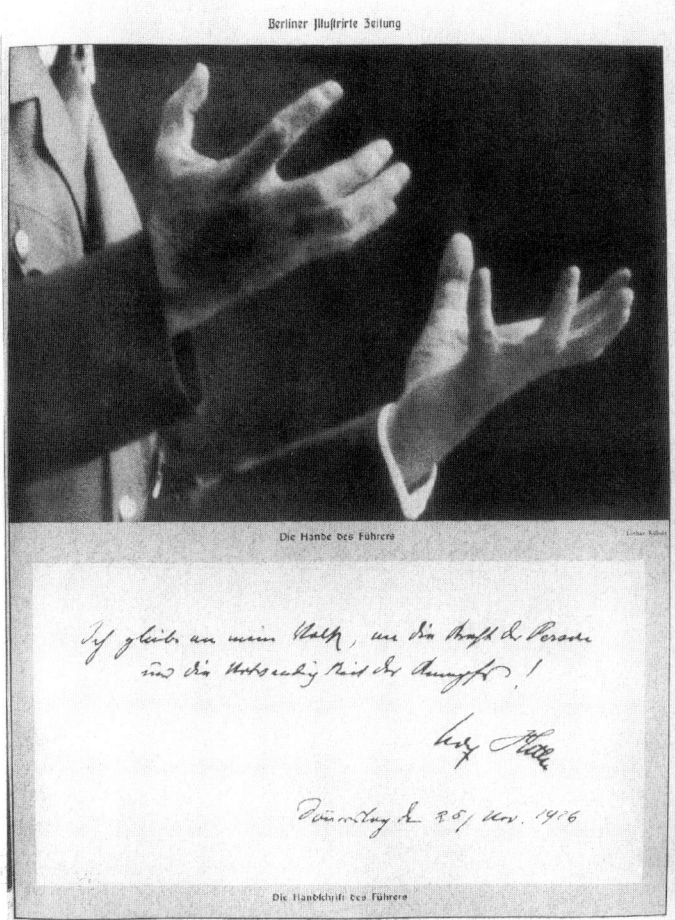

174. Die Sonderausgabe der
»Berliner Illustrirten Zeitung«
vom 27.4.1939 zum 50. Ge-
burtstag Hitlers enthielt eine
Seite: »Die Hände des Führers«.

D er Schöpfer Großdeutschlands
50 Jahre. Zwei Tage Fahnen, Prunk-
und Sonderausgaben der Zeitungen,
Vergottung sich überschlagend. In der
»Berliner Illustrierten« ein halbseitiges
Bild: »Die Hände des Führers«. Überall
Thema: »Wir feiern in Frieden, um uns
tobt die Welt.« – Sie scheint nun wirklich
zu toben, nach Böhmen und Albanien.
Aber bleibt es beim »angehaltnen stillen
Wüten«, bei der Flottenkonzentration vor
Malta, bei der Botschaft Roosevelts, auf
die Hitler am 28. im Krolltheaterreichstag
antworten will? Und was bringt der Krieg
uns, *uns*? – Ein Tag so zermürbend wie
der andere. Man ist vor lauter Gespannt-
heit stumpf. So wie gestern in der Festzei-
tung zwischen lauter Friedens-, Glücks-,
Jubelhymnen, Verachtung der »armen
Irren«, die an der allgemeinen »Führer,
wir folgen dir!«-Stimmung zweifeln,
ganz klein gedruckt die beinahe tägliche
Notiz steht: »Zwei Landesverräter hinge-
richtet« (es sind meist zwei arme Teufel,
Arbeiter, 20, 30 Jahre alt) – so geht mir
kleingedruckt täglich durch den Kopf:
Werden sie uns totschlagen? Aber wirklich nur kleingedruckt und nebenbei.
20. April 1939

Ein Zigarettenhändler sagte mir neulich, er sei pessimistisch, er verstehe die deutsche Politik nicht mehr. Rußland! Dem traue er nicht. »Wie der Kerl lacht!« Er meint das Bild: Stalin und Ribbentrop, wo sich Stalin vor Lachen ausschüttet. (War in allen Blättern nach dem Paktabschluß.)

1. November 1940

175. Nach der Unterzeichnung des Nichtangriffspaktes zwischen Deutschland und der Sowjetunion am 23. 8. 1939: (von links) Reichaußenminister Ribbentrop, Unterstaatssekretär Gaus, Stalin, Legationsrat Hilger und der sowjetische Außenminister Molotow

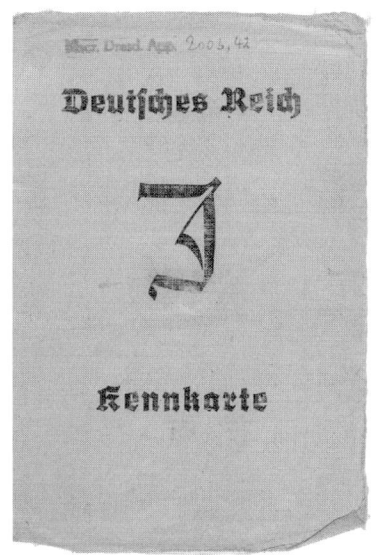

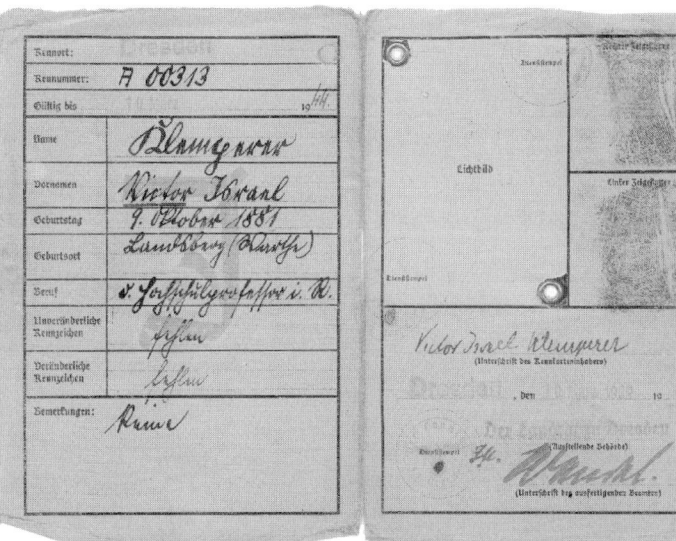

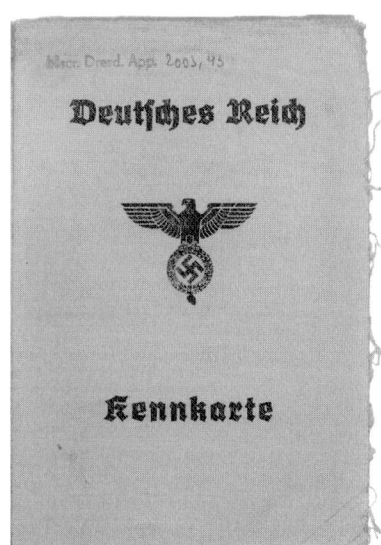

176–179. Kennkarten von Eva und Victor Klemperer, dessen Karte seit März 1939 zusätzlich mit einem »J« gezeichnet war. (Sein Paßbild hat Victor Klemperer vermutlich später herausgetrennt, um es wieder zu verwenden.) – Nach dem Erlaß des Reichsministers des Inneren mußten ab 1.1.1939 jüdische Männer den Zusatznamen Israel, jüdische Frauen den Zusatznamen Sara führen.

180. Von Mai 1940 bis September 1942 lebten Eva und Victor Klemperer im »Judenhaus« Caspar-David-Friedrich-Straße 15b in Dresden-Strehlen, nachdem sie ihr Haus räumen und zwangsweise vermieten mußten. (Aufnahme von 1998)

Am 10. holte ich meine Kennkarte vom Landsratsamt, wie die Amtshauptmannschaft jetzt heißt: großes J auf der Vorderseite, Abdrücke beider Zeigefinger, Victor Israel.

14. März 1939

Eine hübsche Villa, zu eng, zu »modern« gebaut, gepfropft voll mit Leuten, die alle das gleiche Schicksal haben. Wunderschön im Grünen gelegen. […] Kurzum: allerschönstes Dresden. Soweit alles gut: im übrigen ein furchtbarster Zustand; es gibt viele Momente am Tag, wo man sich begraben wünscht. Und inzwischen dürfte Calais fallen, und die Siegesaussichten des dritten Reichs sind mindestens sehr hohe.

26. Mai 1940

Enge, Promiskuität, kaum gelichtetes Chaos, ewiges Abwaschen durch Enge äußerst erschwert, ständig auf Einkauf drüben bei Dölzschen. Keine Sammlung, wenige Zeilen Curriculum, kein Vorlesen oder Für-mich-Lesen. Immer im Nichtigen beschäftigt, jeden Tag das gleiche Elend, die gleichen Gespräche ungeheure Siege Deutschlands bei rasender Triumphsprache. […] Jeder Tag qualvoll. Abends Nervenberuhigung bei Kartenlotterie – morgens – der ganze Jammer. Gehobenes KZ.

6. Juni 1940

Was an mir liegt, so soll das Judenhaus Caspar-David-Friedrich-Straße 15b mit seinen vielen Opfern berühmt werden.

2. September 1942

Heute schwere Depression wegen des Molotowbesuches in Berlin. Wenn ein wirkliches Bündnis mit Rußland zustande kommt …
11. November 1940

181. Empfang des sowjetischen Außenministers Molotow in Berlin am 11.11.1940. (Filmbild aus »Die Deutsche Wochenschau« 533/48/1940)

Bei Annemarie in Pirna um Geld. Schweren Herzens. […] »Der Sonnenstein ist schon lange nicht mehr die Landesirrenanstalt. ⚡ hat ihn. Sie haben ein eigenes Krematorium gebaut. Mißliebige werden in einer Art Polizeiwagen heraufgebracht. Der heißt hier allgemein ›die Flüsterkutsche‹. Danach erhalten die Angehörigen die Urne. Neulich hat hier eine Familie zwei Urnen auf einmal erhalten.«
21. Mai 1941

182. Pirna: Östlicher Teil der Altstadt und Sonnenstein. (Luftbild-Schrägaufnahme von 1932)

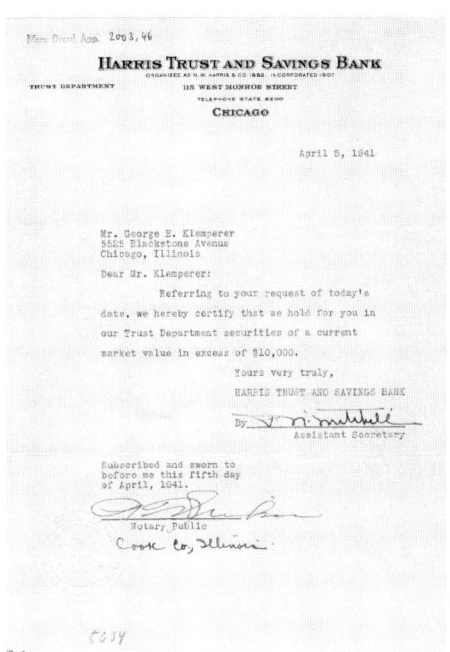

183. Victor Klemperers Neffe George E. Klemperer in Chicago bemühte sich weiter um die erforderlichen Unterlagen für ein Einreisevisum in die USA für Eva und Victor Klemperer. – Am 21.12.1941 wurde in Dresden die Einstellung der Bearbeitung von Auswanderungsanträgen offiziell bekanntgegeben.

184. Im August 1939 wurde für den Einkauf von Lebensmittel ein Zuteilungssystem auf Marken eingeführt. Die reduzierten Karten für die jüdische Bevölkerung waren durch den Aufdruck von »J«, »Jude« oder den Davidstern gekennzeichnet.

Vom Neffen George E. Klemperer, Chicago, schon heute das erbetene erneuerte Affidavit. Es wurde mir wenige Tage zuvor in einem Brief von »Georg Klemperer sr.« angekündigt. [...] Er selber sei nur noch »ein abgetakelter Kasten im stillen Hafen, kein Mann von Einfluß. Gog aber ist ein angesehener Bürger, der sich bereits Geltung verschafft hat.«
25. April 1941

Die Beunruhigung im Ausland über die Deportationen muß sehr groß sein: Lissy Meyerhof und Caroli Stern erhielten, ohne darum gebeten zu haben, telegraphisch von Verwandten in USA Kubavisen und -passage. Hilft ihnen aber nichts; Pässe werden deutscherseits nicht erteilt. (Andere Aussage: nur an über Sechzigjährige erteilt. Alles ungewiß, täglich wechselnd. [...] Wir erwogen wieder. Ergebnis wie immer: bleiben. Gehen wir, so retten wir das Leben und sind zeitlebens abhängige Bettler. Bleiben wir, so sind wir in Lebensgefahr, behalten aber die Chance, hinterher ein lebenswertes Dasein zu führen. Trost bei alledem: Das Gehen hängt kaum noch von uns ab. Alles ist Schicksal, man könnte auch gerade in sein Verderben laufen. Wenn wir z. B. im Frühjahr nach Berlin übersiedelt wären, säße ich jetzt wahrscheinlich schon in Polen.
28. November 1941

Amtliche Zeitungsnotiz: »Karten von Kriegsgefangenen und J-Karten dürfen nicht mit Apfelsinen beliefert werden.« [...] Wir und die Kriegsgefangenen. Von der jüngsten Nährmittelkarte ist uns fast die Hälfte weggeschnitten.
11. März 1941

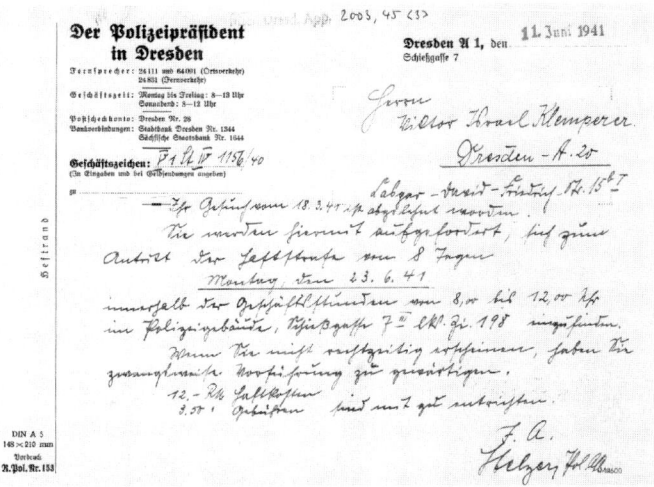

185. Ablehnung des Gesuchs
von Victor Klemperer um Erlaß
der Haftstrafe durch den Polizeipräsidenten von Dresden

186. Östlicher Teil der Altstadt
von Dresden zwischen Schieß-
gasse und Altmarkt, in der
Mitte das Polizeipräsidium, in
dem Victor Klemperer vom
23. 6. bis 1.7.1941 eine Gefäng-
nishaft wegen versäumter
Verdunkelung eines Fensters
verbrachte

Im Juni kam meine langschwebende
Polizeistrafe zur Vollstreckung: Ich
hatte geglaubt, es würde wieder etwas
Halbes werden wie die meisten meiner
Erlebnisse; aber es wurde etwas grauen-
haft Ganzes.

Am 10. Februar war das Fenster neben
dem Schreibtisch unverdunkelt geblieben. [...] Als wir um acht zurückkamen,
stand die Nacht wie eine schwarze Mauer
vor dem Fenster, und wir schalteten ge-
wohnheitsgemäß das Licht an. Eine halbe
Stunde später klingelte der Schutzmann,
einer der biederen und durchaus freundlichen Leute von unserm Revier, die die
Judenkontrolle sehr höflich ausübten.
[...] Ich fragte ihn, ob er es nicht beim
Verwarnen belassen könnte, mit meiner
J-Karte würde ich sonst besonders hoch
zahlen müssen. Er könne die Anzeige
nicht unterlassen, antwortete er, weil
man ihn auf das Fenster aufmerksam gemacht hatte (weil also eine Denunziation
vorlag). [...]. Ich wartete fast ein Viertel-
jahr, und manchmal dachte ich schon gar
nicht mehr an das kleine Unheil. Auch
als am 12. Juni der Polizeientscheid kam
(vom Polizeipräsidenten in der ersten
Person Singularis, nicht vom Polizeipräsidium – Ausdruck des Führerprinzips!),
öffnete ich den Brief ruhig. Mein Gesuch
war abgelehnt, ich hatte zum Strafantritt
am 23. Juni zwischen acht und zwölf Uhr
im Zimmer 197 zu erscheinen und 12 M
für Verpflegung, 3,50 M für Gebühren zu
entrichten. »Wenn Sie nicht rechtzeitig
erscheinen, haben Sie zwangsweise Vor-
führung zu gewärtigen.« Ich war erbittert,
denn das dankte ich fraglos dem J auf
meiner Kennkarte.

20. Juli 1941

Der »Judenstern« schwarz auf gelbem Stoff, darin mit hebraisierenden Buchstaben »Jude«, auf der linken Brust zu tragen, handtellergroß, gegen 10 Pf uns gestern ausgefolgt, von morgen, 19. 9., ab zu tragen. Der Omnisbus darf nicht mehr, die Tram nur auf dem Vorderperron benutzt werden. Eva wird, wenigstens vorläufig, alles Besorgen übernehmen, ich will nur im Schutz der Dunkelheit ein bißchen Luft schöpfen.

18. September 1941

Gestern, als Eva den Judenstern annähte, tobsüchtiger Verzweiflungsanfall bei mir. Auch Evas Nerven zu Ende. Sie ist blaß, hat ein eingefallenes Gesicht. […] Ich sagte mir, ich müsse mich verhalten wie nach dem Autounfall: gleich wieder ans Steuer! Gestern nur bei völliger Dunkelheit nach dem Abendessen ein paar Schritte mit Eva. Heute um mittag ging ich wirklich zum Kaufmann Ölsner am Wasaplatz und holte Selters. Es kostete mich furchtbare Überwindung.

20. September 1941

187. In der Polizeiverordnung über die »Kennzeichnung der Juden« vom 1. 9. 1941 wurde das Tragen des »Judensterns« angeordnet.

Sechstes Kapitel

1942–1945

Ich will bis zum letzten Augenblick weiter beobachten,
notieren, studieren. Angst hilft nichts, und alles ist Schicksal.
(Aber natürlich packt mich trotz aller Philosophie von Zeit zu
Zeit die Angst.)
21. Juli 1944

1942	20. 1. Wannseekonferenz zur technisch-organisatorischen Durchführung der Vernichtung der europäischen Juden
	7. 11. Landung der Alliierten in Nordafrika
1943	31. 1 Kapitulation der 6. Armee in Stalingrad
	10. 7. Landung der Alliierten auf Sizilien
	8. 9. Kapitulation Italiens
	28. 11. Gipfelkonferenz zwischen Churchill, Roosevelt und Stalin in Teheran
1944	6. 6. Invasion der Alliierten in der Normandie, Eröffnung der 2. Front
	20. 7. Fehlgeschlagenes Attentat deutscher Offiziere auf Hitler
1945	4. 2. Gipfelkonferenz zwischen Churchill, Roosevelt und Stalin auf Jalta
	13. 2. Britischer und amerikanischer Luftangriff auf Dresden
	30. 4. Selbstmord Hitlers
	7./8. 5. Kapitulation Deutschlands in Reims bzw. Berlin

188. Zeitungsstand am Dresdner Postplatz. (Aufnahme vom
14.9.1940)

189. Bergstraße, ehemals Langemarckstraße. (Aufnahme von 1997) – Vom 14.2. bis 5.3.1942 wurde Victor Klemperer zwangsweise zum Schneeräumen in den Straßen Dresdens eingesetzt, so auch in der Langemarckstraße und in der Straße am Kaitzbach.

Um sechs Uhr kam ein Bote der jüdischen Gemeinde, ich hätte morgen früh, acht Uhr, in Räcknitz zum *Schneeschippen* anzutreten. Das ist genau *die* Arbeit, bei der mein Herz nach fünf Minuten streikt. Sie soll »bis zum frühen Nachmittag« dauern. Es fehlt mir auch an gutbesohlten Stiefeln. Zu irgendeinem Einspruch oder einem Versuch, Stiefel zu beschaffen, war es zu spät. Ich muß die Sache hinnehmen. Mehr als krepieren kann ich nicht. [...]

In der Einfahrt des Hauses sammelte sich eine jämmerliche Gruppe. Ein Bruch ohne Bruchband, ein Lahmer, ein Verwachsener ... Siebzehn »ältere« Männer hatten kommen sollen, zwei waren ausgeblieben, drei wurden fortgeschickt, von den zwölf verbleibenden waren mehrere über siebzig, ich mit sechzig buchstäblich der jüngste.

13./15. Februar 1942

190. Am Kaitzbach

Schwere Müdigkeit, Muskelschmerzen in den Waden, wunde Füße, die Hand unfähig, die Feder zu führen. Zur geistigen Arbeit unfähig. Dabei wird das Schippen sehr sachte betrieben. Aber von halb acht bis halb sechs immerfort im Freien, in physischer Anstrengung. Zuwenig Schlaf. [...]

Am Freitag morgen [...] noch einmal die Straße am Kaitzbach bearbeitet. Große, weite, schöne Winterlandschaft, hochgelegene Äcker, der Schnee im Sonnenschein leuchtend, tief unten eingeschnitten der Bach mit entlaubten Bäumen.

1. März 1942

Vormittagsprogramm: vom Stift zu Glasers, weil Eva dort Aussicht auf eine »gute« Zigarette hat, d. h. eine unvermischte.[…]

Ich ging nun fast eine volle Stunde zu Glasers; wieder durch den gefährlichen Engpaß der Bürgerwiese, sehr bedrückt […], den Bereich des Bahnhofs und Gestapohauptquartiers vermeidend, wie ein gehetztes Tier. Glasers wohnen in einem kapriziösen Haus (ein bißchen Kolonialstil) in der Bergstraße 23, dicht an der Schnorrstraße. Um eins dort und von Frau Glaser aufs freundlichste aufgenommen. […] Sie hatten offenbare Freude an uns, sie konnten sich nicht genugtun im Bewirten. […] Er hat sein Vermögen in einer Kunstsammlung angelegt, die er bei sich im Versteck aufbewahrt. Es ist alles verbotene, expressionistische, »entartete Kunst«. […] Er glaubt an den dauernden Sieg Hitlers; er hat den Zusammenbruch der Linken aus nächster Nähe gesehen »es ist keine Organisation mehr da«, wiederholt er immer wieder und zittert vor der Allmacht der Tyrannei.

12./13. Juni 1942

Den schwersten Kampf um mein Deutschtum kämpfe ich jetzt. Ich muß daran festhalten: Ich bin deutsch, die andern sind undeutsch; ich muß daran festhalten: Der Geist entscheidet, nicht das Blut.

11. Mai 1942

191. »Familie Dr. Fritz Glaser« (Gemälde von Otto Dix, 1925) – Victor Klemperer lernte Rechtsanwalt Fritz Salo Glaser während des Schneeräum-Dienstes im Februar 1942 kennen. Glaser galt als sogenannter »priviligierter« Jude, da er mit seiner nichtjüdischen Frau in einer »Mischehe« mit christlich erzogenen Kindern lebte.

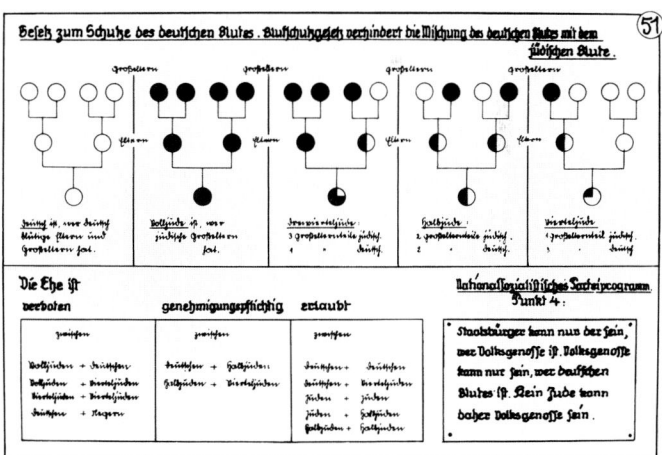

192. Propagandistische Schautafel zur Erläuterung der sogenannten »Nürnberger Gesetze«, die die Verfolgung und Diskriminierung der jüdischen Bevölkerung legalisierten.

Gestern auf dem jüdischen Friedhof –
da bin ich jetzt fast zu Hause [...].
Plauderei mit den drei »freiwilligen Ar-
beitern«, sie fuhren Kompost auf die
Gemüsebeete hinter den Grabreihen.
Das ständige Rätseln: wie lange noch?
Niederlage oder Debakel?

5. Februar 1943

193. Der Neue Israelitische
Friedhof in Dresden-Johann-
stadt mit der seit 1950 existie-
renden Neuen Synagoge.
(Aufnahme von 1997) – Auf
dem Friedhof traf sich Victor
Klemperer mit Bekannten
vom Schneeräum-Dienst, die
jetzt in der Friedhofsgärtnerei
arbeiteten.

Bedürfnis, Leute zu sprechen über die
verzweifelte Situation. Gestern auf
dem Friedhof. Die drei: Magnus, Steinitz, Schein bei ihrem üblichen tragiko-
mischen Skat hinter den Gräbern in der
Gärtnerbaracke. Sehr bedrückt; sie nehmen bevorstehende Trennung der Misch-
ehen an. D. h. Alternative: Die Frau läßt
sich scheiden oder wird zur Jüdin erklärt
und gleichfalls evakuiert. Alle drei stehen
auf dem Standpunkt, den auch wir ein-
nehmen: Die Frauen bleiben hier und retten, was zu retten ist. (Neues Argument
hierfür: Getrennt würde man draußen
doch.)

4. März 1943

194. Haus der Friedhofsgärtnerei. (Aufnahme von 1997)

Neue Verordnungen in judaeos. Der Würger wird immer enger gezogen, die Zermürbung mit immer neuen Schikanen betrieben. Was ist in diesen letzten Jahren nicht alles an Großem und Kleinem zusammengekommen! Und der kleine Nadelstich ist manchmal quälender als der Keulenschlag.

Ich stelle einmal die Verordnungen zusammen:

1) Nach acht oder neun Uhr abends zu Hause sein. Kontrolle!
2) Aus dem eigenen Haus vertrieben.
3) Radioverbot, Telefonverbot.
4) Theater-, Kino-, Konzert-, Museumsverbot.
5) Verbot, Zeitschriften zu abonnieren oder zu kaufen.
6) Verbot zu fahren; (dreiphasig: a) Autobusse verboten, nur Vorderperron der Tram erlaubt, b) alles Fahren verboten, außer zur Arbeit, c) auch zur Arbeit zu Fuß, sofern man nicht 7 km entfernt wohnt oder krank ist (aber um ein Krankheitsattest wird schwer gekämpft). Natürlich auch Verbot der Autodroschke.)
7) Verbot, »Mangelware« zu kaufen.
8) Verbot, Zigarren zu kaufen oder irgendwelche Rauchstoffe.
9) Verbot, Blumen zu kaufen.
10) Entziehung der Milchkarte.
11) Verbot, zum Barbier zu gehen.
12) Jede Art Handwerker nur nach Antrag bei der Gemeinde bestellbar.
13) Zwangsablieferung von Schreibmaschinen,
14) von Pelzen und Wolldecken,
15) von Fahrrädern – zur Arbeit darf geradelt werden (Sonntagsausflug und Besuch zu Rad verboten),
16) von Liegestühlen,
17) von Hunden, Katzen, Vögeln.

18) Verbot, die Bannmeile Dresdens zu verlassen,
19) den Bahnhof zu betreten,
20) das Ministeriumsufer, die Parks zu betreten,
21) die Bürgerwiese und die Randstraßen des Großen Gartens (Park- und Lennéstraße, Karcherallee) zu benutzen. Diese letzte Verschärfung ist seit gestern erst. Auch das Betreten der Markthallen seit vorgestern verboten.
22) Seit dem 19. September der *Judenstern*.
23) Verbot, Vorräte an Eßwaren im Hause zu haben (Gestapo nimmt auch mit, was auf Marken gekauft ist.)
24) Verbot der Leihbibliotheken.
25) Durch den Stern sind uns alle Restaurants verschlossen. Und in den Restaurants bekommt man noch immer etwas zu essen, irgendeinen »Stamm«, wenn man zu Haus gar nichts mehr hat. Eva sagt, die Restaurants seien übervoll.
26) Keine Kleiderkarte.
27) Keine Fischkarte.
28) Keine Sonderzuteilung wie Kaffee, Schokolade, Obst, Kondensmilch.
29) Die Sondersteuern.
30) Die ständig verengte Freigrenze. Meine zuerst 600, dann 320, jetzt 185 Mark.
31) Einkaufsbeschränkung auf eine Stunde (drei bis vier, Sonnabend zwölf bis eins).

Ich glaube, diese 31 Punkte sind alles. Sie sind aber alle zusammen gar nichts gegen die ständige Gefahr der Haussuchung, der Mißhandlung, des Gefängnisses, Konzentrationslagers und gewaltsamen Todes.

2. Juni 1942

195. Straßenbahnfahrt, aus der Sicht des Fahrers, über die Bürgerwiese in Richtung Innenstadt. (Aufnahme von 1928) – Von der Kreuzung links: Lüttichaustraße, rechts: Zinzendorferstraße. Diese Straßen waren der für Victor Klemperer erlaubte Weg zur Zwangsarbeit von April 1943 bis Juni 1944.

196. Lothringer Weg 2: Das
zweite »Judenhaus«, in dem
Eva und Victor Klemperer
vom 3.9.1942 bis 13.12.1943
lebten

Die Unruhe und Mühsal des Umzugs – Donnerstag früh sieben Uhr! – haben eingesetzt. Die Arbeit lastet ausschließlich auf Eva und reißt sehr an ihren unterernährten Nerven. [...]
Das zweite Judenhaus: Dresden-Blasewitz – Lothringer Weg 2. [...] Schwere gediegene Eleganz der grands bourgeois, in unserem Verfall verfallene Eleganz. [...] Eine breite Galerie mit schwerem, schnitzwerkdurchbrochenem Holzgeländer umzieht das erste Stockwerk. [...] Unten, auf schweren Teppichen, schwere Sessel um schweren Tisch, wo irgendein Sims die Möglichkeit bietet, stehen Kleinkunstwerke. [...] Der Besitzername wird mit Ehrfurcht genannt: die Jacobysche Villa. Der Mann war Hofjuwelier, Firma Elimaier am Neumarkt, sehr reich, hat alles nach seinem Geschmack und Wunsch ausführen lassen. [...] Die Witwe Jacoby, Achtzigerin, am Stock, gebückt, aber geistig frisch, gehört zu den Evakuierten des nächsten Montags. Schon steht ihr Koffer mit großer Aufschrift »Jenny Sara Jacoby« in der Diele. Das ist alles, was ihr von der Prunkvilla bleibt.
1./4. September 1942

Ich bin deutsch und warte, daß die Deutschen zurückkommen; sie sind irgendwo untergetaucht.

31. Mai 1942

Heute vor einem Jahr wurde der Judenstern aufgeheftet. Welch namenloses Elend ist in diesem Jahr über uns gekommen. Alles Vorherige scheint leicht demgegenüber. – Und Stalingrad fällt eben, und im Oktober gibt es mehr Brot: Also kann sich die Regierung über den Winter halten: also hat sie Zeit zur gänzlichen Vernichtung der Juden. Ich bin tief deprimiert.

19. September 1942

197. Innenansicht der Villa Jacoby, Lothringer Weg 2, mit der Originalausstattung. (Aufnahme vor 1942)

Judenlager Hellerberg«. Eva sagt, diese neue Art der Evakuierung sei deshalb so schamlos, weil alles so offen vor sich gehe. Das Neue daran ist jedenfalls, daß wir diesmal Einblick in das Inferno haben und mit ihm in Konnex bleiben.

24. November 1942

Über die Gemeinde [...] kommuniziert man mit den Internierten. Die Leute in der Gemeinde scheinen darauf abgestimmt, scheinen – LTI*! – eine *verschworene Gemeinschaft* zu sein, das Lagerleben als glimpflich hinzustellen: Es sei erträglich, einige gewöhnten sich rascher, einige langsamer um. Es klingt so, als wenn die Unzufriedenen verwöhnte und undankbare Geschöpfe wären. [...] Es ist gar zu jämmerlich, daß diese Gefangenschaft schon als halbes Glück gilt. Es ist nicht Polen, es ist nicht das KZ! Man wird nicht ganz satt, aber man verhungert nicht. Man ist noch nicht geprügelt worden. Usw., usw.

1. Dezember 1942

Victor Klemperer benutzte die Abkürzung LTI (Lingua Tertii Imperii – Sprache des Dritten Reiches) als Chiffre für seine Notate über entlarvenden nationalsozialistischen Sprachgebrauch.

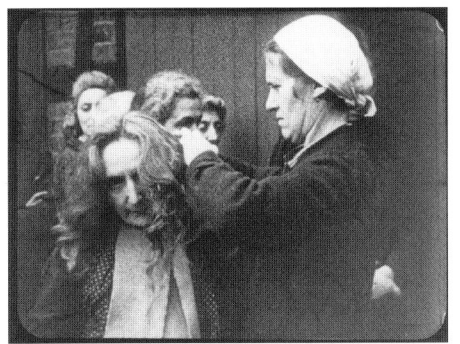

198.–206. Einzelaufnahmen aus dem Filmdokument »Die Zusammenlegung der letzten Juden aus Dresden in das Lager am Hellerberg 23./24. 11. 1942«, aufgenommen von Erich Höhne – Die Aktion hatte das Ziel, Dresden »judenfrei« zu machen. Aus den Dresdner »Judenhäusern« wurden 279 Menschen in das Lager Hellerberg gebracht. In der Nacht vom 2. zum 3. 3. 1943 wurde das Lager weitgehend aufgelöst, die meisten der nach Auschwitz transportierten Menschen wurden dort gleich nach der Ankunft ermordet. Von links oben:
198. Filmtitel
199. Passanten auf dem Bürgersteig wurden Augenzeugen der Räumung des »Judenhauses« in der Sporergasse 2
200. Auszug aus dem »Judenhaus« in der Güntzstraße 24
201./202. In der »Städtischen Entseuchungs-Anstalt mußten sich die Internierten einer Untersuchung und »Entseuchung« unterziehen.
203. Untersuchung der Männer durch den Arzt Dr. Willy Katz, der einzige in Dresden zugelassene jüdische sogenannte »Krankenbehandler«
204. Ankunft im »Judenlager Hellerberg«
205. Baracken des Lagers
206. Die Hauptverantwortlichen der Aktion: (von links) SS-Scharführer Martin Petri, SS-Untersturmführer Henry Schmidt, Johannes Hasdenteufel von Zeiss Ikon AG, Kriminalobersekretär Rudolf Müller

207./208. Reichspropaganda-
minister Goebbels prokla-
mierte am 18.2.1943 im Berliner Sportpalast die Forderung
nach dem »totalen Krieg«. –
(Filmbilder aus der »Deutschen Wochenschau«
651/10/1943 mit Tonspur)

Goebbels' Rede vom 18.2. im Berliner Sportpalast [...]. Den Wortlaut der Rede – ich will ihn gleich für LTI auslausen – gab mir Richter im »Dresdener Anzeiger« vom 19.2. mit. Man war schon gestern auf dem Friedhof sehr deprimiert darüber, denn sie droht mit den »drakonischsten und radikalsten Mitteln« gegen die an allem schuldigen Juden vorzugehen, wenn das Ausland nicht aufhöre, der Regierung Hitler um der Juden willen zu drohen. Sie bedroht und vergewaltigt übrigens auch die »Volksgenossen«. »Totaler Krieg – kürzester Krieg« war die Inschrift »des einzigartigen Spruchbandes an der Stirnwand des Saales«, und wer sich gegen die Notwendigkeit des »totalen Krieges« vergehe, den koste es den Kopf, erklärte Goebbels. (Schließung von Luxusgeschäften und Bars, Verbot, im Tiergarten zu reiten, allgemeiner Arbeitsdienst, Höherbelastung der Beamten, kein Anspruch auf Urlaub.)
20. Februar 1943

Nach der Zeughausstraße ziehe ich in verzweifelter Stimmung. Das Haus [...] ist jetzt ein Teil des Gemeindehauses (Zeughausstraße 3 und 1). Nun sind wir ganz in der Hand der Gestapo, ganz eingejudet. Und nun sind wir auch, wenn der erwartete Luftangriff kommt, genau in Zentrum und City. So beginnt also morgen die dritte Phase unseres Passionsweges durch das 3. Reich. Zeughausstraße 1 und 3 sind sozusagen potenzierte Judenhäuser, Quintessenzen eines Judenhauses.

12. Februar 1943

Chaos des Umzuges. [...] Ich reinigte die Brettchen meines feu Aktenschrankes für eigene Drucksachen. Wie stolz war ich in den Jahren 1905–1912, als er sich füllte. Ich glaubte, diese Aufsätze enthielten meine Dauer. Makulatur! Mir selbst entfallen. Ist es anders als mit den Büchern, die ich damals schrieb? Der »berühmte« Romanist ist jetzt Fabrikarbeiter, nein »Hilfsarbeiter« auf der Steuerkarte.

13. Dezember 1943

209. Am 14.12.1943 mußten Eva und Victor Klemperer in ihr drittes »Judenhaus« umziehen, in die Zeughausstraße 1 (links) neben dem Jüdischen Gemeindeamt, Zeughausstraße 3 (rechts). dahinter (Mitte) befand sich die Synagoge. – (Aufnahme vom 25.1.1918). Die Häuser wurden in der Bombennacht vom 13.2.1945 zerstört.

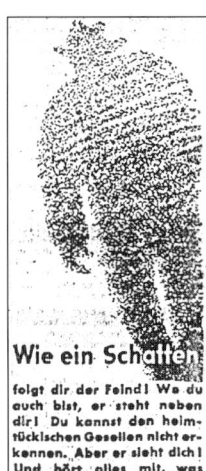

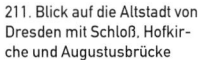

Wie ein Schatten

folgt dir der Feind! Wo du
auch bist, er steht neben
dir! Du kannst den heim-
tückischen Gesellen nicht er-
kennen. Aber er sieht dich!
Und hört alles mit, was
du arglos deinen Freunden
erzählst. Sieh dich vor!

210. Aus »Dresdner Zeitung«
vom 22./23.1.1944

211. Blick auf die Altstadt von
Dresden mit Schloß, Hofkirche und Augustusbrücke

S eit einer reichlichen Woche an allen
Schaufenstern, an den Scheiben der
Trambahnen, in den Ecken der Zeitungen
schwarz aufschabloniert die Gestalt des
massigen Mannes mit Schlapphut, von
hinten gesehen. Er ist links seitlich ge-
neigt, der linke Arm mit halboffener Hand
hängt herunter, er schleicht oder lauert.
Darunter ein weißes Fragezeichen. Irgend etwas Unheimliches, Dämonisches
geht von der Gestalt aus. Ästhetische Frage: wieso? Ich kann sie nicht lösen. Bloß
die Schwärze und die Massigkeit tun es
nicht. Bei Thiemig & Möbius hängt das
Bild als Plakat. Da trägt es schon die Unterschrift: »Feind hört mit!«
23. Januar 1944

Schweigt und
warnt jeden,
der schwatzt!
pst!

212. Aus »Dresdner Zeitung«
vom 11.10.1944

213. Blick auf die Altstadt von
Dresden mit Neumarkt,
Frauenkirche und Kunstaka-
demie

Heute von elf bis zwölf unterrichtete ich Bernhard Stühler, kaum waren wir fertig, kam kleiner und sofort großer Alarm. Eva war zu Tisch und saß im Keller von »Altdresden« am Neumark. Ich eine volle Stunde in der Zeughausstraße 3. Es blieb ganz ruhig. Aus dem Rundfunk aber wurde berichtet: »Große Schwärme seit früh sieben Uhr über Braunschweig, Magdeburg, Brandenburg, Nordwestsachsen.« Also wahrscheinlich in Berlin und Leipzig.
29. Mai 1944

Dresden
UND UMGEBUNG

Das Glaubensbekenntnis der Volksgemeinschaft

Der Wochenspruch der NSDAP. lautet:

„Der kommende Sieg wird unser aller Sieg sein. Heute gilt es, für ihn einzustehen, fanatisch und bedingungslos." Dr. Goebbels.

Wenn wir den tieferen Gründen unserer Kraft nachgehen, dieser über den Sieg entscheidenden Kraft, die wir in diesem Kriege in einem unsere Gegner immer wieder überraschenden Maße einzusetzen haben, so kommen wir zu dieser Erkenntnis: die politische Lehre und die Weltanschauung des Nationalsozialismus haben in unserem Volke das Glaubensbekenntnis der Volksgemeinschaft unverrückbar fest verankert und damit die nüchterne und klare Einsicht, daß der einzelne nichts ist ohne sein Volk und daß das allgemeine Schicksal des Volkes über das Schicksal jedes einzelnen entscheidet.

Aus der Erkenntnis von der Gemeinschaft, in die jeder einzelne unlösbar gebunden ist und die jeden einzelnen aus ihrer zusammengefaßt unerschütterlichen Kraft stützt und stark macht, begreifen wir alle auch um so klarer, daß ebenso, wie eine Niederlage unser aller Untergang und das Ende Europas bedeuten würde, der Sieg unser aller Sieg sein wird! Einen einzigen Sieger nur wird es geben: das deutsche Volk selber! Darum stehen wir, unerschüttert in allen Krisen und Wechselfällen des Krieges, um so fanatischer und bedingungsloser für den Sieg ein. Nun erst recht! K. M.

Verdunkelungszeit: Beginn Dienstag 20.14, Ende Mittwoch 8.17 Uhr.

Änderungen im städtischen Steuer-

214. Aus »Dresdner Zeitung« vom 18.9.1944

215. Das Stadtzentrum von Dresden mit Frauenkirche und Polizeipräsidium

D er »Wochenspruch der NSDAP« (»Dresdner Zeitung«, 18. 9.) lautet: »Der kommende Sieg wird unser aller Sieg sein. Heute gilt es für ihn einzustehen, fanatisch und bedingungslos. Dr. Goebbels.« (Immer: »Dr.«, ihr Renommierakademiker, immer das abgelatschte »fanatisch«.) Die Überschrift zu diesem Spruch, nach der sich auch der anschließende Kommentar richtet: »Das Glaubensbekenntnis der Volksgemeinschaft.« Letztes Wort des Kommentars: »Nun erst recht!« – Dies, während auf deutschem Boden gekämpft wird, Engländer 35 km vor Köln stehen und mit ihren Luftlandetruppen in Holland auf der rechten Seite des Rheindeltas! Ich frage mich immer wieder, wie das wirkt, ob es gegen die Alliierten oder gegen die Nazis aufreizt, ob es höchste Dummheit oder höchste Klugheit ist. [...]

Ich glaube umschichtig (sechsmal am Tag wechselnd), Deutschland müsse in den nächsten Wochen zusammenbrechen, und Deutschland werde sich halten. Und immer wieder: Die Vernunft hofft und glaubt, aber das Herz ist ungläubig.

20. September 1944

Ich notiere das alles über ein sehr verändertes Grundgefühl hinweg. Gestern zum erstenmal hat »es uns nahegestanden«. Freital neulich war noch nicht Dresden. Diesmal traf es uns wirklich. [...] Seidel und Naumann soll fast vernichtet, die Wettiner Straße schwerer, als anfangs angenommen, getroffen sein, die Anzahl der Toten – eine Russenbaracke! – scheint in die Hunderte zu gehen. Aber alles »soll« und »scheint« [...].

Waldmann, den ich gestern abend sprach, wußte gestern »genau«, daß wir Mischeheleute im Fall der Evakuierung in ein Arbeitslager der OT kämen.

8./10. Oktober 1944

216. Nach dem ersten Luftangriff auf Dresden am 7. 10. 1944: Blick über das Kaufhaus Renner nach Westen. Schauspielhaus (Mitte) und Sophienkirche (rechts)

217. Zerstörte Wohnhäuser in der Reinhardstraße und der Wettiner Straße. – Hier mußte sich Victor Klemperer am 15. 10. 1944 zu Räumarbeiten einfinden.

Am Abend um acht etwa erschien ein Hitlerjunge, der in ziemlich befehlshaberischem Ton Cohn und Stühler Anforderung brachte zu Sonntags-Räumarbeit in den zerstörten Häusern. [...] Am Sonntagmorgen, ich stand um vier Uhr auf, gingen wir dann, das halbe Haus zusammen. Die Wettiner Straße war für Passanten gesperrt. Einzelne Häuser darin waren grausig verwüstet. [...] Man stand am Straßenrand in zwei Reihen zum Appell, neben der großen Judengruppe auch mancherlei Arier, auch Frauenhäufchen. Ein Trupp italienischer Gefangener mit Spaten zog vorbei. SA-Chargen, darunter fett und brutal der Judenvogt Köhler – »du« und Beschimpfungen, Gestapo-Ton –, nahm Listen auf und Einteilungen vor; die zusammengestellten Gruppen zogen ab. Ein Dutzend Leute etwa blieb zurück, darunter ich. »Können nach Hause gehen!« Ich hörte heute von Neumark, Köhler habe verfügt, die »Krüppelgarde« könne er nicht brauchen.

16. Oktober 1944

147

DRESDNER ZEITUNG

Nr. 306. 215. Jahrgang ×   Sonnabend/Sonntag, 30./31. Dezember 1944   Preis 10 Rpf., auswärts 15 Rpf.

Mit Zuversicht und Gläubigkeit schreiten wir in das neue Jahr

Unser Ziel ist klar, unser Wille fanatisch, unsere Kraft unbegrenzt

Aufruf des Gauleiters und Reichsstatthalters Martin Mutschmann

Dresden. Gauleiter und Reichsstatthalter Martin Mutschmann erläßt zum Jahreswechsel folgenden Aufruf:

Meine Parteigenossen und Volksgenossen!

Ein Jahr voll schwerster Sorgen und härtester Prüfungen liegt hinter uns. Manchmal mochte es scheinen, als sei das deutsche Volk am Ende der Möglichen erreicht. Aber das deutsche Volk hat die Zerreißprobe von 1944 bestanden. Niemals in der Geschichte hat eine Nation solche Belastungen ertragen und siegreich überwunden wie wir. Ohne die nationalsozialistische Idee, ohne den Glauben an die Zukunft des Reiches wäre das nicht möglich gewesen.

Mit Stolz und Dankbarkeit gedenken wir der unbeugsamen Haltung und der übermenschlichen Leistungen in der Heimat und an der Front. In Ehrfurcht beugen wir uns vor den Toten dieses Jahres, deren Opfer für das Vaterland alle anderen Leistungen und Entbehrungen weit überstrahlen. Sie geben uns Unterlebenden den heiligen Befehl, nicht zu wanken und zu weichen, bis Deutschlands Zukunft und Freiheit gesichert ist.

Mit Zuversicht und Gläubigkeit schreiten wir in das neue Jahr. Wir wissen jetzt mehr denn je, daß das deutsche Volk, wenn es einig ist, von keiner Koalition der Welt zu schlagen ist. Die Lehren vom Sommer 1944 haben unsere deutschen Menschen härter gemacht als jemals zuvor. Mit neuen Waffen und mit verstärkten Kräften der Wehrmacht und der Rüstung werden wir das kommende Kampfjahr bestehen.

Die deutsche Gegenoffensive im Westen gibt unseren Feinden ein Beispiel davon. Sie werden auch im neuen Jahr noch manche Überraschung erleben. Daß die nächsten Monate uns trotz alledem noch große Schwierigkeiten und Gefahren bringen werden, wollen wir dabei nicht vergessen. Aber auch bei unseren Feinden häufen sich diese von Tag zu Tag mehr an. Je verlogener die jüdischen Agitationsmethoden werden, um so schlechter steht es in ihrem Lager. Was ist von ihren „vier Freiheiten" der betrügerischen Atlantik Charta übriggeblieben? Arbeitslosigkeit, Hungersnot, Mord und Bolschewismus regieren in den von ihnen „befreiten" Gebieten.

Das deutsche Volk kennt die grausamen Vernichtungspläne seiner Gegner. Es weiß, daß es einen Schicksalskampf auf Leben und Tod zu bestehen hat. So wird uns das neue Jahr wiederum und erst recht bereit finden zum äußersten Einsatz aller moralischen, militärischen und wirtschaftlichen Kräfte.

Unsere sächsischen Volksgenossen sind sich ihrer hohen Verantwortung am gesamtdeutschen Schicksal bewußt: Sie werden, wo sie auch stehen, ob am Feind oder in der Heimat, mit ihrem Beitrag für das Reich hinter keinem anderen deutschen Volksstamm zurückbleiben.

Unser Ziel ist klar, unser Wille fanatisch, unsere Kraft unbegrenzt. Der Führer wird das deutsche Volk durch das letzte dunkle Tal dieses Krieges mit sicherer Hand führen, zu einer lichten Zukunft, zum wahrhaften Sozialstaat.

Am Morgenhimmel des neuen Jahres leuchtet der helle Schein der Freiheit. Wir werden uns um ihn ringen, und wenn wir sie vom Himmel herunterholen müßten.

Es lebe Großdeutschland! Es lebe der Führer!

Martin Mutschmann

Gauleiter und Reichsstatthalter in Sachsen.

Mit Entschlossenheit und Siegeszuversicht ins neue Jahr.

Das Jahr ohne Illusionen

218. Leitartikel der »Dresdner Zeitung« zum Jahreswechsel 1944/1945

Gestern nachmittag ließ mich Neumark hinüberrufen; ich müßte heute vormittag beim Austragen von Briefen behilflich sein. [...] Das auszutragende Rundschreiben besagte, man habe sich am Freitag früh im Arbeitsanzug mit Handgepäck, das eine längere Strecke zu tragen sei, und mit Proviant für zwei bis drei Reisetage in der Zeughausstraße 3 einzufinden. Vermögens-, Möbel- etc. Beschlagnahme findet diesmal nicht statt, das ganze ist ausdrücklich nur auswärtiger Arbeitseinsatz – wird aber durchweg als Marsch in den Tod aufgefaßt.

13. Februar 1945

Wir setzten uns am Dienstag abend gegen halb zehn zum Kaffee, sehr abgekämpft und bedrückt, denn tagüber war ich ja als Hiobsbote herumgelaufen, und abends hatte mir Waldmann aufs bestimmteste versichert (aus Erfahrung und neuerdings aufgeschnappten Äußerungen), daß die am Freitag zu Deportierenden in den Tod geschickt (»auf ein Nebengleis geschoben«) würden, und daß wir Zurückbleibenden acht Tage später ebenso beseitigt werden würden – da kam Vollalarm. [...] Man hörte sehr bald das immer tiefere und lautere Summen nahender Geschwader, das Licht ging aus, ein Krachen in der Nähe. [...] Und dann wurde es ruhiger, und dann kam Entwarnung. [...] Nach einer Weile, es muß nach ein Uhr gewesen sein, sagte

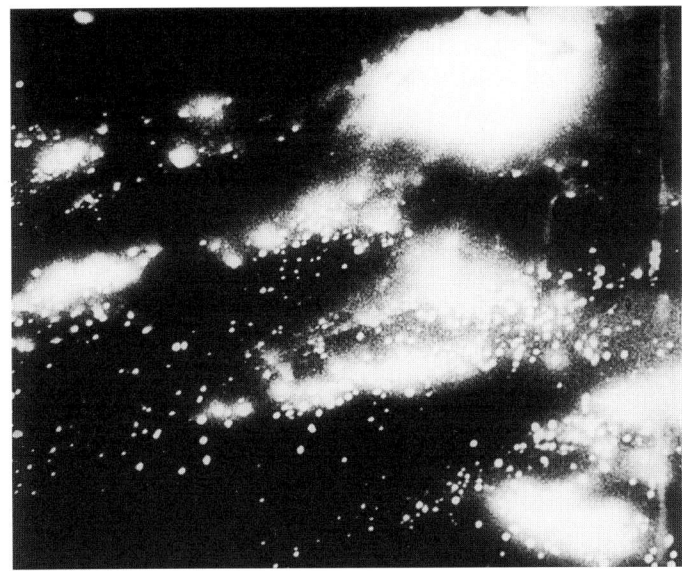

219. In der Nacht vom 13. zum 14. Februar 1945 wurde Dresden durch Bombardements der britischen und amerikanischen Luftwaffe stark zerstört. Eine Fläche von 12 km² wurde vollständig vernichtet. – (Filmbild aus »United News«. USA 1945: Luftaufnahme der nächtlichen Angriffe vom 13./14. 2. 1945)

220. Das brennende Hauptgebäude der Technischen Hochschule. (Aufnahme vom 13. 2. 1945)

Eva: »Alarm.« – »Ich habe nichts gehört.« – »Bestimmt. Es ist leise gewesen, sie fahren Handsirenen herum, Strom fehlt.« Wir standen auf [...] und eilten hinunter. [...] Wir kamen in den Hausflur der Nr. 3. Indem ein schwerer naher Einschlag. Ich drückte mich kniend an die Wand in der Nähe der Hoftür. Als ich aufsah, war Eva verschwunden, ich glaubte sie in unserem Keller. Es war ruhig, ich stürzte über den Hof in unseren Judenkeller. Die Tür klaffte. [...] Ich rief mehrmals nach Eva. Keine Antwort. Schwere Einschläge. [...] Dann ein Schlag am Fenster neben mir, etwas schlug heftig und glutheiß an meine rechte Gesichtsseite. Ich griff hin, die Hand war voller Blut, ich tastete das Auge ab, es war noch da. [...] Vor mir lag ein unkenntlicher großer freier Platz, mitten in ihm ein ungeheurer Trichter. Krachen, Taghelle, Einschläge. Ich dachte nichts, ich hatte nicht einmal Angst, es war bloß eine ungeheure Spannung in mir, ich glaube, ich erwartete das Ende. Nach einem Augenblick kletterte ich über irgendein Gewölbe oder eine Brüstung oder Stufe ins Freie. [...] Ich konnte das Einzelne nicht unterscheiden, ich sah nur überall Flammen, hörte den Lärm des Feuers und des Sturms, empfand die fürchterliche innere Spannung. [...] Es regnete, es stürmte, ich kletterte ein Stück hinauf bis an die z. T. abgestürzte Brüstung der Terrasse, ich kletterte wieder hinunter in Windschutz. Es regnete immerfort, der Boden war glitschig, Menschengruppen standen und saßen, das Belvedere brannte, die Kunstakademie brannte, überall in der Ferne war Feuer – ich war durchaus dumpf. Ich dachte gar nichts, es tauchten nur Fetzen auf. [...] Ich war ohne Zeitgefühl, es dauerte endlos und dauerte auch wieder gar nicht so lange, da dämmerte es.

221. Früheste Filmdokumente über die Zerstörung Dresdens aus dem Film: »Dresden nach dem 13. Februar« (Kamera: Kurt Moser): Theaterplatz mit der Hofkirche

Das Brennen ging immer weiter. Rechts und links war mir der Weg nach wie vor gesperrt – ich dachte immer: Jetzt noch zu verunglücken wäre jämmerlich. [...] Schließlich, wohl gegen sieben, die Terrasse – die den Juden verbotene Terrasse – war schon ziemlich leer geworden, ging ich an dem immerfort brennenden Belvedere-Gehäuse vorbei und kam an die Terrassenmauer. Eine Reihe Leute saß dort. Nach einer Minute wurde ich angerufen: Eva saß unversehrt in ihrem Pelz auf dem Handkoffer. Wir begrüßten

uns sehr herzlich, und der Verlust unserer Habe war uns vollkommen gleichgültig, und ist es uns auch heute noch. [...] Wir standen noch nach der ersten Begrüßung zusammen, da tauchte Eisenmann mit Schorschi auf. [...] Wir müßten unsre Leute zu treffen versuchen, ich müßte den Stern entfernen, so wie er den seinen schon abgemacht hätte. Darauf riß Eva mit einem Taschenmesserchen die Stella von meinem Mantel.

22.–24. Februar 1945

222. Neumarkt mit der Ruine
der Frauenkirche

223. Zerstörtes Luther-Denk-
mal am Neumarkt

151

224. Am 15.2.1945 wurden Eva und Victor Klemperer mit anderen Ausgebombten aus dem Lazarett im Albertinum nach Klotsche bei Meißen evakuiert. Hier begannen sie ihren langen Fluchtweg, teils zu Fuß, teils in überfüllten Zügen. Auf dem Fußmarsch nach Piskowitz besuchten sie das Gasthaus von Groß-Baselitz. – (Postkarte. Ende der dreißiger Jahre)

225. Piskowitz: An der Stelle des Gehöftes befand sich das Anwesen von Agnes Scholze, bei der Klemperers am 18.2. vorübergehend Unterkunft fanden. (Aufnahme von 1997) Am 4.3. brachen Klemperers wieder auf, zunächst zu einem kurzen Aufenthalt in Pirna, dann nach Falkenstein im Vogtland zu dem befreundeten Apotheker Hans Scherner.

In Großbaselitz war der Gasthof offen, aber von einer Schippertruppe belegt. Wir gingen in die Küche, erzählten unser Unglück, wurden sofort gut aufgenommen, bekamen am Küchentisch Kaffee und Buttersemmel, wofür Marken und Geld verweigert wurden, und mußten berichten. Ein alter Mann, sehr rüstig, mit gutgeschnittenem und rasiertem Gesicht, Wirt oder Vater des Wirtes, setzte sich zum eigenen Frühstück an den Tisch und sprach laut und unverblümt über das unsägliche Elend, an dem *er* schuld sei, *er* allein, und das er, der Wirt, längst habe kommen sehen. Nun sei das Ende da. Wir nahmen diese Bewirtung als ein gutes Vorzeichen.
20. Februar 1945

In der uns vertrauten Stube lag Agnes auf dem Sofa aufgebettet, sehr wenig verändert mit dem alten hochroten Gesicht. Entsetzen und Freude und wieder Entsetzen – sie habe uns seit Jahren, seit Michel das Haus in Dölzschen von uns verlassen und mit »großer Fahne« vorgefunden, für verschollen gehalten. [...] Aber daß sie uns aufnahm, war ihr eine Selbstverständlichkeit; sie sagte, es sei ihr viel Leid und eine Freude prophezeit worden, und das Leid sei eingetroffen, und jetzt seien wir die Freude.
20. Februar 1945

Eva macht allerhand Eventual-Fluchtpläne [...]. Es droht von Stunde zu Stunde die Gefahr, daß jemand hier eintritt: »Sie sind ... Sie haben mit mir zu gehen.« Weiß ich, nach wem von Dresden aus gefahndet wird?
27. Februar 1945

226. Aus Angst vor Denunziation veränderten Klemperers ihren Namen in »Kleinpeter« und setzen am 3.4. mit den gefälschten Papieren ihre Flucht in Richtung Bayern fort.

Immer wieder gehe ich meine Chancen durch: Meine Fluchtspur ist verwischt, es herrscht ein viel zu großes und ständig wachsendes Chaos, als daß man mir nachforschen dürfte. Wiederum: Jede Bewegung kann mir in jeder Stunde den Tod bringen. Und wie lange noch?

8. März 1945

Ich möchte gern den wider alle Möglichkeit geretteten Hut als Omen für den dazugehörigen Kopf nehmen. Aber ich bin skeptisch. Fraglos sind die gestrigen Pronunziamientos der Werwölfe und der Partei ein Ausdruck der Verzweiflung, aber ebenso fraglos zeigen sie, was *wir* beide zu erwarten haben, wenn wir nicht durchkommen ... Da wir aber, einmal entdeckt, auf alle Fälle verloren sind, so kommt es auf ein bißchen mehr oder weniger Urkundenfälschung (meint Eva,

und ich stimme ihr bei, und sie hat den entscheidenden Federzug vorher geübt) nicht mehr an. Unser Plan ist also der: Das Ehepaar Kleinpeter aus Landsberg a. W., danach in Dresden (hier ausgebombt), Piskowitz, Falkenstein, ist nach Aussig abgemeldet, weil es dort Bekannte hat und andrerseits die Scherners neue Leute erwarten [...] Während wir das Tagebuch deponieren, behalten wir – wieder Evas Entscheidung – trotz der Gefahr einer Gepäckdurchsuchung unsere Pässe und einen J-Stern bei uns, weil wir diese Alibi-Zeugnisse für unsere Rettung ebenso nötig haben werden wie die arische Kleinpeterei.

2. April 1945

153

Unterbernbach bei Aichach [...] Es scheint, als sollten wir hier nach zehn überschweren Fluchttagen zu provisorischer Ruhe kommen. Es scheint auch, als ginge der Krieg nun wirklich dem endgiltigen Ende zu.

13. April 1945

227. Das Haus des Ortsbauernführers Flammensbeck im bayrischen Dorf Unterbernbach, wo Eva und Victor Klemperer am 12.4. eintrafen, nachdem sie zuvor im zerstörten München Victor Klemperers früheren Lehrer Karl Vossler aufgesucht hatten.

Die Familie Flammensbeck, bei der wir zwei Nächte schliefen [...] ist durchweg mustergültig freundlich. Der Mann, Zweiter Bürgermeister und Ortsbauernführer (Schild am Haus: »Reichsnährstand. Blut und Boden.« Darunter: »Ortsbauernführer.«), kann sich an Hilfsbereitschaft bei gutmütiger Würde nicht genug tun.

15. April 1945

228. Der Zweite Bürgermeister und Ortsbauernführer Flammensbeck mit Familie

Eva hat mein Tagebuch nachgelesen und moniert, der eigentliche Höhepunkt am 28. 4. sei von mir nicht genügend gewürdigt worden. Sie meint den Moment, wo wir am Vormittag lesend in unserer Dachkammer saßen. Plötzlich ging das schon gewohnte Geschützfeuer in ganz nahes Krachen und in das Knallen einzelner Schüsse über. [...] Danach saßen wir dann im Bunker, manchmal steckte ich den Kopf heraus, ohne etwas zu entdecken, [...] und so gegen zwei trauten wir uns wieder heim und machten uns einen Kaffee. Das Dorf war über-, genauer: *umrollt* worden, nur am Rand »unseres« Waldstreifens hatte eine kleine, letzte Soldatengruppe noch ein paar Minuten Widerstand geleistet, bevor auch sie geflüchtet war. Der Krieg lag hinter uns, während wir ihn noch vor uns glaubten.

3. Mai 1945

229. Ernte in Unterbernbach: auf der Leiter (rechts oben) der verwundete Schwiegersohn von Ortsbauernführer Flammensbeck

Nun die Lebensgefahr vorüber, haben wir die kleinen, aber summierten Leiden unseres Zustandes reichlich satt und finden in seiner Romantik keine Entschädigung mehr. Aber das Gefühl der Dankbarkeit ist doch immerfort vorhanden, und viele Stunden des Tages sind immer wieder genußreich. Bukolische Stunden sozusagen. Dazu auch »volksnahe« und also lehrreiche.

8. Mai 1945

230. Das zerstörte München:
Odeonsplatz/Ludwigstraße –
Am 18.5.1945 verließen Eva
und Victor Klemperer Unterbernbach. In München lebten
sie im Martinsspital, bis sie
am 26.5. ihren Rückweg zu
Fuß über Regensburg und
Falkenstein nach Dresden
begannen.

Dies ist der angenehme Unterschied
gegenüber unserer Situation vom
3. April (Aufbruch von Falkenstein): Der
Kopf steht nicht mehr auf dem Spiel. Und
dies der unangenehme: Damals hatten
wir keine Wahl, wir *mußten* fort, während wir diesmal wählen müssen. [...]
Werden wir beim Wandern »geschnappt«,
kann man uns rücktransportieren, vielleicht auf Wochen in ein Camp sperren.
[...] Im übrigen ist das Unternehmen natürlich ein fast irrsinniges: ohne ordent-
liche Wanderausrüstung, ohne Gewißheit
der Lebensmittelmarken, des Quartiers
drei- vierhundert Kilometer zurücklegen
zu wollen.
25./ 26. Mai 1945

Oft sah man Kampfreste, und das gilt
mehr oder minder für die ganze
Strecke München – Dresden: verbogene,
ausgebrannte, irgendwie gescheiterte
Automobile, Panzer, MGs, Lagerfeuer-
asche, verstreute Munition, zersplitterte
Bäume, halb oder ganz zerstörte Gehöfte,
tiefe Furchen oder Wegbruch eines Teils
der Straßendecke; überall, und auch das
hat einigermaßen Allgemeingeltung, ist
großes Leben auf der Landstraße. Die
Amerikaner fahren und fahren. [...] Dazu
immer-immerfort die Menge der Wande-
rer. Die meisten Heimkehrer mit schon
erhaltenem amerikanischen Ausweis.
Soldaten in halbem und viertel Zivil, mit
Tornistern und Rucksäcken, mit Paketen,

mit Handwagen, in denen gleich eine Gruppe gemeinsam ihr Zeug rollt, oft bei ihnen Wehrmachtshelferinnen. Außer den Soldaten, nicht immer sofort von ihnen unterscheidbar, die Entlassenen der KZ-Lager und Zuchthäuser. Manchmal noch ganz in den weißblauen Leinenanzügen, manchmal mit Sträflingshosen oder Jacken, oft schon ganz in einem wüsten und zusammengestückelten Zivil. [...] Und am Morgen des fünfzehnten Reisetages, am Sonntag, den 10. Juni, waren wir also in Dresden. [...] Der Tag begann trübe genug. Wir wanderten müde und hungrig zum Neustädter Bahnhof. [...] Dann wanderten wir, immer nüchtern und nach der unmöglichen Nacht, durch all die Zerstörungen der Altstadt hinüber. [...] Schließlich fanden wir, innen ein bißchen beschädigt, aber im ganzen geradezu wunderbar zwischen lauter Ruinen erhalten, das Glasersche Haus. Dies war die Wendung zum Märchen. Frau Glaser empfing uns mit Tränen und Küssen, sie hatte uns für tot gehalten. Er, Glaser, war etwas klapprig und apathisch. Wir wurden gespeist, wir konnten uns ausruhen. Am späteren Nachmittag stiegen wir nach Dölzschen hinauf.

26. Mai – 10. Juni 1945

231. Flüchtlinge 1945 auf dem Bahnhof von Dresden-Neustadt

Siebentes Kapitel

1945–1949

Für meine Person bin ich in stetigem Dilemma. Ich möchte an den linkesten Flügel der KPD, und ich möchte für Rußland sein. Und andrerseits: Freiheit, die ich meine!

8. August 1945

1945	5. 6. Ankündigung der Errichtung eines Alliierten Kontrollrates, Aufteilung Deutschlands in alliierte Besatzungszonen
	9. 6. Errichtung der Sowjetischen Militäradministration
	17. 7. Potsdamer Konferenz mit Potsdamer Abkommen
	6./9. 8. Atombombenabwurf auf Hiroshima und Nagasaki
	September Bodenreform in der sowjetisch besetzten Zone
1946	21./22. 4. Vereinigung von KPD und SPD zur SED
	ab Juni bis August 1947 Erlaß von Enteignungsgesetzen in allen Ländern der SBZ nach dem Volksentscheid vom 30. 6. in Sachsen
1947	1. 1. Schaffung der Bizone (amerikanische und britische Zone), Erweiterung zur Trizone am 1. 8. 1948 durch Beitritt des französischen Sektors
1948	20. 3. Sowjetunion verläßt den Alliierten Kontrollrat
	3. 4. »Marshall-Plan« tritt in Kraft
	20./21. 6. Währungsreform in den Westzonen
	23. 6. Währungsreform in der Sowjetischen Besatzungszone
	24. 6.–12. 5. 1949 Blockade West-Berlins durch Sowjetunion, Versorgung durch »Luftbrücke« amerikanischer und britischer Flugzeuge
	1. 9. Konstituierung des Parlamentarischen Rates in Bonn
1949	4. 4. Gründung des Nordatlantikpaktes (NATO)
	23. 5. Verkündung des Grundgesetzes
	14. 8. Wahlen zum 1. Deutschen Bundestag
	7. 9. Konstituierung von Bundestag und Bundesrat Bundeskanzler Konrad Adenauer
	7. 10. Deutscher Volksrat konstituiert sich als provisorische Volkskammer, Gründung der DDR

232. Dresden: Postplatz.
(Aufnahme von 1946)

233. Flüchtlinge in Dresden
am Terrassenufer 1945

Auf dem Plauener Bahnhof sah ich die Flüchtlinge mit ihrem Gepäck so elend kauern wie hundertmal unterwegs, aber ich sehe doch auch durchaus vergnügte und ruhige Menschen jeden Alters, sie haben beinahe satt zu essen, sie fürchten keine Bomben mehr, und das Plündern etc. der Russen hat im wesentlichen aufgehört. Der entscheidende Eindruck ist immer der des absolut Schwankenden.

17. Juni 1945

Ich bin trotz Koddrigkeit und wankenden Bodens so übervoll von Plänen und Arbeitslust. [...] Was freilich der Arbeitslust die Waage hält, ist die ganz gemeine Genußsucht. Noch einmal gut essen, gut trinken, gut Autofahren, gut am Meer sein, gut im Kino sitzen ... Kein Zwanzigjähriger kann halb so lebenshungrig sein ... Und bei allem beglückt mich, daß Eva vom Morgen bis zum Abend in *ihrem* Haus, an *ihrem* Garten arbeitet und dabei neu auflebt.

23. Juni 1945

Gestern das endgiltige Erwachen aus dem allzu schönen Märchen. Erst schien es sich noch fortzusetzen. »Der Oberbürgermeister der Stadt Dresden gibt sich die Ehre, Herrn und Frau Professor Dr. Klemperer zur Eröffnung des Interimstheaters [...] einzuladen. Zur Aufführung gelangt ›Nathan der Weise‹. Beginn 18 Uhr.« [...] Aber das Märchen ist zu Ende, und die beruflichen Bitterkeiten der zwanziger und dreißiger Jahre werden sich wiederholen, als sei nicht das Ungeheuerliche inzwischen geschehen. Ich bin furchtbar pessimistisch geworden, and Eva too, in Punkte Änderung des deutschen Sumpfes, des Friedens, der Menschheit überhaupt. All diese schönen Phrasen und Gelöbnisse aus Deutschland, USA und Rußland, alles das habe ich schon 1918 gehört. Und dann kamen die Freicorps und all das andere innen und außen, das schließlich zur Katastrophe führte. Und es wird diesmal nicht anders werden. Und ist der Unterschied zwischen Sprache und Wahrheitsgehalt Stalinice ein so sehr viel anderer als Hitlerice?

11. Juli 1945

Einladung vom *demokratischen Kulturbund*, seinen Aufruf zu unterzeichnen, in seiner Wissenschaftlergruppe mitzuwirken. Analogie zum Berliner und Leipziger Unternehmen, Zusammenfassung aller Dresdener »Prominenten«. [...] Dies ist nun kein geheimes Klüngelchen, und hier muß ich mitmachen.

24. August 1945

234. Lessings Drama »Nathan der Weise« kam als erste Inszenierung nach dem Krieg auf die Dresdner Bühne. In der Hauptrolle: Erich Ponto

235. Am 8. 8. 1945 fand in Berlin die offizielle Gründung des »Kulturbundes zur demokratischen Erneuerung Deutschlands« statt. Präsident wurde Johannes R. Becher. Der Kulturbund betätigte sich zunächst interzonal und überparteilich.

236. Nach einigen Startschwierigkeiten begann die Dresdner Volkshochschule im April 1946 mit ihrem Bildungsprogramm. – Im Dezember 1945 übernahm Victor Klemperer die Leitung der Volkshochschule.

Inzwischen hörte ich gestern im Kulturbund, daß die Volkshochschule in andere Hände übergeht, daß ihre erste »Vorschau-Ankündigung«, nachdem sie einen Tag als öffentliches Plakat ausgehangen, von der Regierung verboten wurde.

30. August 1945

Am Donnerstag abend lief mit plattem Vortrag Weidauers über Nazismus und Wissenschaft – reine Propagandarede – in der Aula der Melanchthonstraße die Volkshochschule an. Ich sprach ein paar einleitende Worte [...]. Der Vortrag war schwach besucht. Inzwischen hat sich ergeben, daß das Interesse für die Volkshochschule überhaupt sehr schwach ist. (Wie für die Kulturwoche!) Eine Menge Vorlesungen fallen wegen Nichtbeteiligung aus, darunter meine LTI mit drei (!) Anmeldungen. Was zieht, ist Sprachunterricht, in erster Linie englischer, dann russischer. Französisch nicht. Secundo loco: Rundfunktechnik. Tertio loco: Goethe

15. April 1946

Heute soll 14 Uhr in der Tonhalle die Volkshochschule festlich eröffnet werden. Es sind Hunderte von Einladungen ausgeschickt, aber Zeitung und Funk haben keine Voranzeige gebracht. Meine Studie ist gut – aber werde ich sie unverwirrt vortragen? Die Broschüre soll gedruckt werden – aber die Papierfrage ist noch offen. [...]
Mich beherrscht sehr stark das Gefühl: *dies* ist noch erreicht. Im ganzen ist dieser angestrebte Erfolg wohl zu verbuchen: der kleine Sonderruhm, der neuen Volkshochschule *mein* Gepräge gegeben zu haben.

In erklärenden Artikeln wird immer wieder dagegen geeifert, daß man eine kommunistische Parteidiktatur, daß man reinen Bolschewismus für Deutschland anstrebe. Aber es wird doch immer wieder (und summo jure!!) darauf hingewiesen, daß erst einmal ausgemistet werden müsse und daß man die Befreiung Rußland danke und daß der natürliche Treuhänder und Verbindungsoffizier den Russen gegenüber die KPD sei. Und so ist alles schwankend. Im Radio hören wir auch nur russische, russische gefärbte und Rußland interessierende Nachrichten. Dazu immerfort Aufrufe und Antreibungen zum Ausrotten der Nazis, Berichte über ihre Greuel, über Gefangennahme von versteckten Bonzen, über Verhöre. All das ist bestimmt richtig, unübertrieben und notwendig – aber wie wird es auf die Dauer wirken? Und wie – das bewegt mich am meisten – wird es auf die künftige Stellung der Juden in Deutschland wirken?

17. Juni 1945

Stalins Bild in Uniform mit Orden, wie es riesengroß am Albertplatz paradiert, weiter die ständigen Paraden und das sonstige militärische Brimborium der Alliierten in Zeitung und Rundfunk: so lebt man den Deutschen Antimilitarismus vor, so bewerkstelligt man ihre »Umerziehung«.

18. September 1945

237.–239. Albertplatz in Dresden mit Ehrenmal für gefallene Soldaten der Roten Armee (oben). Straßenbahnhaltestelle (Mitte) und Stalinbild (unten). Aus der March of Time-Produktion Dresden 1946

Gestern [...] hielt ich meinen Vortrag oben in der Begerburg, genau dort, wo die Nazis residiert haben, meinen ersten Vortrag nach mehr als zehn Jahren. Es ließe sich über den Umschwung meiner Situation, über das Auf und Nieder meines Lebens eine gefühlvolle Betrachtung anstellen. Ich behalte sie dem Curriculum vor. Hier nur die Tatsachen. Der Saal soll 130 Leute fassen, es mußten noch Stühle hineingestellt werden, [...] ich sprach ganz frei, 5/4 Stunden lang. [...] Su per giù: reden kann ich noch.

6. September 1945

240. Dresdner Begerburg, früherer Sitz der NSDAP, dann der KPD, wo Eva und Victor Klemperer nach ihrer Ankunft in Dresden im Juni 1945 mit Kleidung und Lebensmitteln versorgt wurden. (Aufnahme von 1935)

Seidemann, vorgestern abend eine Weile bei uns, warb mich dringend für die KPD. [...]
Die Antragsformulare zur Aufnahme in die KPD liegen auf dem Schreibtisch. Bin ich feige, wenn ich *nicht* eintrete – (Seidemann behauptet es); bin ich feige, wenn ich eintrete? Habe ich zum Eintritt ausschließlich egoistische Gründe? Nein! Wenn ich schon in eine Partei muß, dann ist diese das kleinere Übel. Gegenwärtig zum mindesten. Sie allein drängt wirklich auf radikale Ausschaltung der Nazis. Aber sie setzt neue Unfreiheit an die Stelle der alten! Aber das ist im Augenblick nicht zu vermeiden. – Aber vielleicht setze ich persönlich auf das falsche Pferd? Ganz unbegreiflich ist mir nicht, was so viele Pg's sagen: »bloß in keine Partei mehr! Einmal hereingefallen zu sein genügt ...« Aber ich muß nun wohl Farbe bekennen. Eva tendiert zum Eintritt, und ich bin eigentlich dafür entschieden. Aber es kommt mir wie eine Komödie vor: Genosse Klemperer! Wessen Genosse?

17./20. November 1945

241. Der Lehrer Erich Seidemann war für Victor Klemperer ein wichtiger Gesprächspartner in politischen Fragen. (Aufnahme von 1945)

164

242. Die Dresdner Augustusbrücke im Wiederaufbau. (Aufnahme von Juni 1947)

Wir hatten uns oft ausgemalt, wie es sein würde, wenn wir wirklich einmal hierhin zurückkehren sollten. Mir war es eigentlich ein widerwärtiges Gefühl, noch einmal mit diesen Menschen hier etwas zu tun haben zu sollen. [...] Eva sagte, wir würden uns um niemanden kümmern und ganz eingesponnen in unserem Garten leben. Statt dessen stehen wir all diese Zeit über und vom ersten Augenblick an in einem triumphalen Mittelpunkt und schwanken immerfort zwischen Gerührtheit und Menschenverachtung. Einige sind bestimmt ehrlich, andere??

19. Juni 1945

Ich muß mir ein bißchen oft sagen: du bist jetzt im Paradiese, verglichen mit dem vergangenen Zustand. Es ist so, aber ich merke es gar zu selten [...]; es wächst ein bißchen allzuviel Unkraut im Paradiesgarten.

17. Juli 1945

Wie sich jetzt alle Welt bemüht, Philosemitismus sub Hitler nachzuweisen ... Ich kann unmöglich der Schutzengel und Bürge aller Pg's werden ...

23. Juli 1945

165

243. Bild aus dem Werbefilm für den Volksentscheid mit Mitgliedern des Dresdner Ortsverbandes des Kulturbundes. Von rechts: Georg Wildführ, Eva Blank, Victor Klemperer, Karl Kneschke, Friedrich Tobler

244. Zeichnung von Bernhard Kretzschmar »Bildnis Victor Klemperer« (1946)

Am Freitag nachmittag wurde ich getonfilmt. Es war tragikomisch gräßlich. Werbefilm für den Volksentscheid. Schlußszene einer Kulturbund-Sitzung. Ich sprach die (von mir selbst formulierten Worte): »Also, meine Damen und Herren, wir sind uns darüber einig, alles andere lassen wir vorläufig beiseite. Das Wichtigste ist jetzt der Volksentscheid. Denn von seinem Erfolg hängt die Zukunft der Demokratie ab, und damit unser aller Zukunft.« Als ich diesen Speech das vierte Mal wiederholte, begann ich mich zu versprechen, und mindestens acht Mal mußte ich aufsagen. Mal stimmte eine Pause dem Tonmeister nicht – »rascher bitte – langsamer bitte«; mal versagte eine Sicherung, mal hatte Eva Blank mich in Schatten gesetzt ... Meine Mitspieler – nur Statisten, dafür aber erhielten sie Großaufnahmen, während meiner Worte – waren E. Blank, Kneschke, Tobler, Wildführ. Zur Qual des Sprechens die Blendung und die Hitze. Es ist mir unbegreiflich, wie dabei schauspielerische Leistungen erzielt werden.

9. Juni 1946

Der Maler Bernhard Kretzschmar [...]: er möchte mich zeichnen, ich hätte so »konzentriert« dagesessen, so als Verkörperung reiner Geistigkeit. (Komödie! *Ich* spiele Komödie, andere fallen auf die Komödie herein: weil ich jetzt den bedeutendsten Namen habe, muß ich auch bedeutend sein.) Vanitas! Um fünf Uhr nachmittag kam er zu uns und begann mit Zeichnen [...]. Die Zeichnung wurde sehr gut, nur habe ich eben die gebückte Haltung sehr hohen Alters er – sagte, nein, das sei Konzentration.

30. Juli 1946

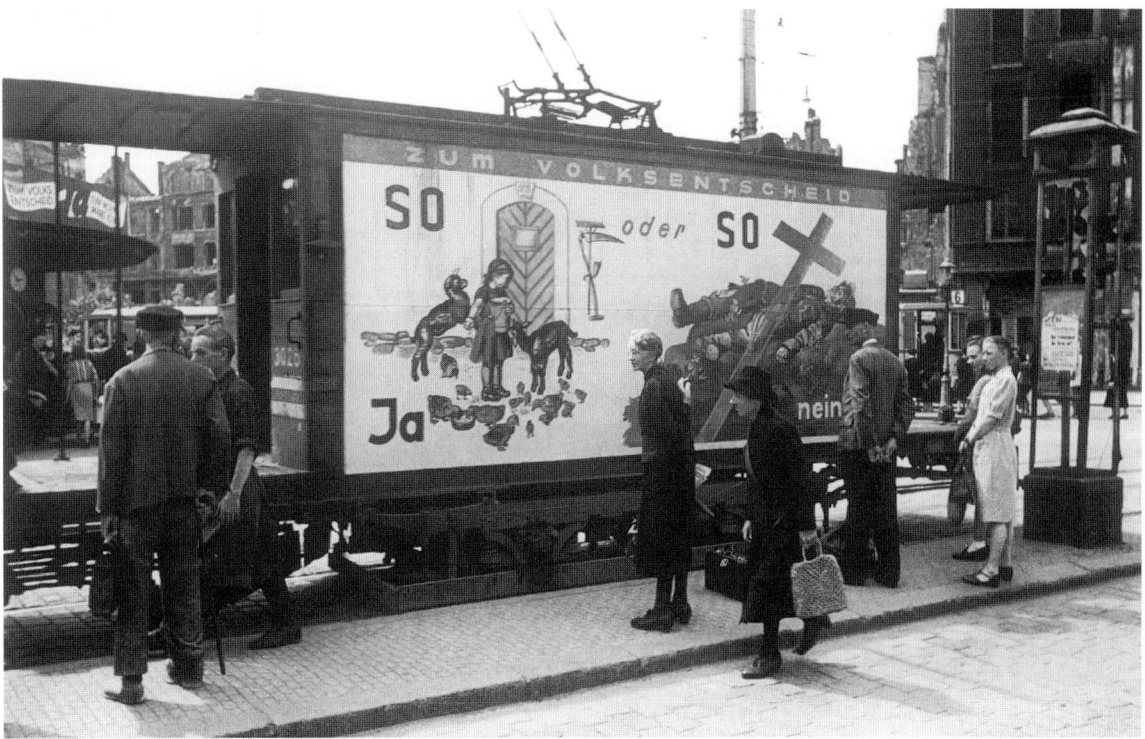

Zum Punkte Reaktion gehört die Sorge um den Volksentscheid. Es geht *nur* um die Enteignung der kriegsschuldigen Industrie (aber wo ist die Grenze? Kautschuk!). Aber das Kleinbürgertum (und wer gehört hier nicht zum Kleinbürgertum??) fürchtet für seinen Besitz, fürchtet für das Privateigentum, fürchtet *den* Kommunisten schlechthin. Und fraglos benimmt sich die KPD doppelzüngig und ungeschickt und unsicher. Sie predigt in den Zeitungen, niemand wolle an den Privatbesitz, sie betont dasselbe in ihren Versammlungen. Aber zugleich – wir waren beide am Sonnabend oben im Gasthaus, seit wir SED sind, reicht der hübschere Begerburgsaal nicht mehr aus – zugleich wird doch betont, daß *wir* den

sozialistischen Staat wollten, daß *wir* nur vorläufig uns mit dem demokratischen Staat begnügten.
29. Mai 1946

Der Volksentscheid tobt. Plakate, Radio etc. Nicht ganz geschickt. [...] Den sächsischen oder Dresdener Klein- und Spießbürgern riecht es eben doch nach Kommunismus. (Und nicht ganz zu unrecht!)
7. Juni 1946

245. In Sachsen fand am 30. 6. 1946 ein Volksentscheid zum »Gesetz über die Übernahme von Betrieben von Kriegs- und Naziverbrechern in das Eigentum des Volkes« statt. Mit 77,6 % befürworteten Stimmen wurde damit ein von der Landesregierung im April verabschiedetes Gesetz rechtsgültig.

246. Aus »Neue Berliner Illustrierte« zum 1. Jahrestag der Kulturbund-Gründung. Von oben links Werner Krauss, Romanist, Johannes Stroux, darunter Max Pechstein und Hermine Körner; rechts Johannes R. Becher und das Gebäude des Kulturbundes in der Berliner Jägerstraße, darunter Wolfgang Steinitz

Zwei junge Parteifunktionäre, irgendwie im Amt als Jugendleiter oder so, beschwerten sich bei Eva Blank und mir in langer Sitzung [...], daß unsere Diskussionen mit der freien Jugend zu bürgerlich, zu historisch, zu *unpolitisch*, zu unsozialistisch gehalten seien. Wir suchten sie zu überzeugen, wie *unpolitisch* ein anderes Vorgehen im Kulturbund sein würde. Wir rieten ihnen: schickt uns Leute aus *Euren* Arbeiter- und Volksschulkreisen. Es war die Rede davon, daß die »Jugend« in Massen zur LDP gehe, die sich als Erbin und Pächterin der Klassik gebärdet. – Ich sprach von meinen Erfahrungen im Abendgymnasium. *Der* kommt aus Hitlerschulen, *der* kommt aus dem Feld und sieht sich jetzt mißachtet und devantiert.

7. September 1946

Es ist sehr erschütternd für mich, daß alle Intelligenz derart zur andern Seite übergeht. Aber wir müssen, wir müssen an unserer Stellungnahme festhalten, und ich glaube nach wie vor – nicht an den reinen Idealismus und die Sündlosigkeit der Russen, aber daran, daß ihre Sache, ideell betrachtet, die bessere, und praktisch betrachtet, die auf die Dauer siegreiche ist.

15. Oktober 1947

247. Eröffnung der Gemäldesammlung im Schloßpark Dresden-Pillnitz im Juli 1946

Der heutige Tag ist verdüstert durch das Wahlergebnis, das nur sehr spät und zögernd durchdrang. (Ich wartete gestern Abend und heute früh am Radio vergeblich), um acht an der Zeitungsbude unten wurde auch gefragt und geraten, es gab nur einen gedruckten Zettel aus Freital. Das ist natürlich rot, von 25 000 Stimmen 15 000 für SED, aber man erzählt schon vom umgekehrten Dresdener Resultat. Danach hörte ich im Funkhaus, daß die SED in ganz Sachsen es kaum auf 50 % gebracht hat, also überall auf Blockpolitik angewiesen ist. [...] Nun wird die SED *noch* ängstlicher werden und nichts, gar nichts gegen die Selbstherrlichkeit der Hochschulen unternehmen.

2. September 1946

248. Dresden: Blick über das Georgentor zum Zentrum, September 1946

Heidebroek schreibt unter dem 16. November, der Brief war aber erst vorgestern hier: »Die Urkunde Ihrer Ernennung ist bei mir eingegangen. Ich bitte Sie, dieselbe bei mir in Empfang zu nehmen, damit ich Sie in den Lehrkörper aufnehmen und in Ihre Tätigkeit einweisen kann.«

23. November 1945

Gestern ist eine alles umstoßende oberste Entscheidung aus Karlshorst gekommen: schärfste Trennung von TH und Universität. Hier werden *nur* Techniker, Gewerbelehrer und Naturwissenschaftler ausgebildet, alle pädagogisch-historischen Lehrstühle (Deutsch ausgenommen) kassiert. Ich hänge also in der Luft.

31. März 1947

Leider ein ganzer Tag und wohl die nächsten Tage vergällt durch langen Brief Georgs. Ich müßte sofort alles öffentliche Auftreten unterlassen, mich auf die TH-Professur beschränken, viel ruhen, wenig gehen und Treppen steigen, oder ich sei ein verlorener Mann. Er, Georg, der Spezialist in Angina [pectoris]. Übrigens helfe kein Kulturbund und kein Auftreten eines Semiten. Deutschland sei nur durch einen Staatsmann zu retten, sonst gehe es am »3. punischen Krieg« völlig zugrunde.

21. August 1946

249. Feier zur Eröffnung der Technischen Hochschule Dresden am 18. 3. 1946 – Im November 1946 erhielt Victor Klemperer die Urkunde seiner Wiedereinsetzung in das romanistische Lehramt. Zur Lehrtätigkeit kam er jedoch nicht, da auf Anweisung der Sowjetischen Militäradministration die geisteswissenschaftliche Ausbildung an der TH untersagt wurde.

250. Verpflichtungserklärung von Victor Klemper zu seiner Berufung als ordentlicher Professor an der Technischen Hochschule Dresden

Ich muß allmählich aufpassen, syste-matisch auf die Sprache des vierten Reiches zu achten. Sie scheint mir manchmal weniger von der des dritten unterschieden als etwa das Dresdener Sächsische vom Leipziger.

25. Juni 1945

LQI* übernimmt LTI mit Haut und Haaren. Sogar Becher – höher geht's nimmer – schreibt andauernd »kämpfe-risch«.

15. Oktober 1945

*Analog zu LTI benutzte Klemperer die Abkür-zung LQI (Lingua Quarti Imperii – Sprache des Vierten Reiches)

Ich hörte Stücke von Grotewohls Rede auf dem Parteitag der SED-Einigung. Darin wörtlich: »Dem planmäßig gelenk-ten Arbeitseinsatz« entspricht es ... Durch-aus Übereinstimmung von LTI und LQI.

28. April 1946

Zur LQI: BEFREIEN. Niemand erobert mehr, jeder »befreit«: die »volksde-mokratischen« Armeen tun es, die Parti-sanen haben es getan...

6. September 1949

251. Ölgemälde »Victor Klem-perer« von Arthur Rudolph (1946)

252. Porträtfoto Victor Klem-perers vom 8.7.1946

Kesting schickte mir die merkwürdige »Lichtbildgestaltung«, die er vor sehr langen Wochen für die inzwischen ganz ungewiß gewordene Kulturbund-Zeitschrift aufnahm. […]
Merkwürdiges Vielfach–Photographieren von allen Seiten, gegen einen Wandschirm bei verschiedenem Licht.

20. Juli/31. März 1947

253. Porträtfotografie von
Edmund Kesting (1947)

254. Zeichnung von Doris
Kahane: Eva Klemperer

Ich las Kahanes viel aus meinen alten Talmudsprüchen vor. 1910! So uralt zu sein und noch nicht zufrieden und dem Tod etc. gegenüber so unfertig wie je! Während wir plauderten, machte Doris in einer kleinen halben Stunde die beiliegende Zeichnung von Eva.
25. Juli 1947

Auf der Fahrt nach Berlin gab es wieder den üblichen Zusammenstoß mit Leuten, die auf Russen und SED schimpften, die deutsche Kriegsschuld auch am zweiten Weltkrieg bestritten. Ich halte Eingreifen für Pflicht und ernte nichts als Feindseligkeit und Herzbeschwerden.

22. September 1947

Wenn wir während der Weimarer Zeit reisten, schimpfte alles auf die Republik, wir fragten uns, worauf sie sich stütze. So ist es heute mit der SED und dem Bolschewismus. Ich habe kein Gefühl der Sicherheit. Die Arbeiter, Genossen, SEDler selber fallen morgen ab, wenn sich die Gelegenheit ergibt, und rennen neuem Hitler zu.

1. September 1947

Gestern nachmittag vor geladenem Publikum in der Villa der Sowjetgesellschaft der Film »Das Lied von Sibirien«. [...] Als Tendenzfilm natürlich kindisch – aber als Farb- und sonstiges Kunstwerk wunderschön. Trotzdem wird er als Werbung nicht wirken. Die Gegnerschaft wider Rußland ist zu tief und weit basiert.

23. September 1948

255.–257. Bahnhof Dresden-Neustadt (oben), Dresdner Schaufensterdekoration (Mitte), Filmplakat »Das Lied von Sibirien«. (Bilder aus dem Film »Two Cities«, USA 1949)

258. Eva und Victor Klemperer um 1948

259. Im Sommer 1945 entschloß sich Victor Klemperer, auf der Grundlage seiner Tagebuchnotate von 1933 bis 1945 eine sprachanalytische Betrachtung über das NS-System zu schreiben: »LTI. Notizbuch eines Philologen«, erschien 1947.

Es ist wie zur Weimarer Zeit. Eva formulierte damals oft auf unsern Seereisen: »*Wo ist die Republik?*« Genau so heute. Wo ist die Demokratie? Ich glaube nicht an ihren Bestand, wir sitzen – was ist das WIR? eine verhaßte Minorität, eine sehr kleine – sitzen nur auf den russischen Bajonetten. Am Tage des Russenabzugs sind wir – d. h. Eva und ich, tote Leute. *Ich* habe gar kein Zutrauen zur Lage. Schlimmer noch: ich glaube nicht an den Wert der Dinge, für die ich eintrete. Gewiß, die Idee des Marxismus ist rein. Aber sind die Russen weniger imperialistisch etc. als die anderen?
3. August 1948

Ich fand die ersten Exemplare am Freitag, den 19., hier vor. Das Buch ist elegant ausgestattet und kostet 8,50.
28. September 1947

Korrespondenzen immer wieder um LTI. Jeden interessiert etwas anderes daran, jeder bringt einen Rat, eine Ergänzung, eine Korrektur. Einige machen sich wichtig. Einige schreiben gerührt.
22. Juli 1948

Zwei merkwürdige Briefe zur LTI. Ein boshaft bösartig höfliches Schreiben aus Dresden: Ich wünsche Ihnen noch viele glückliche Jahre – aber ich glaube Ihnen nicht – Sie lügen nicht, aber Angst und gestaltende Phantasie entstellen Ihre Erinnerungen – Sie schreiben haßerfüllt ... etc.
1. September 1948

260. Greifswald: Victor Klemperer folgte am 9.12.1947 einem Ruf an die Universität Greifswald. Wegen der enttäuschenden Lebens- und Arbeitsbedingungen verließen Klemperers Greifswald am 23.8.1948 wieder.

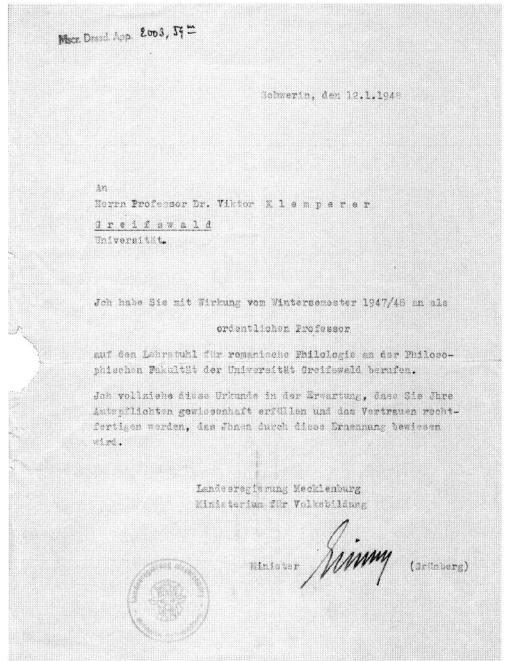

261. Berufungsurkunde für Victor Klemperer

Der Empfang in Greifswald! Am Hofe Wilhelms II. hat es einmal einen chinesischen Sühneprinzen gegeben, der Kotau machte … So ähnlich … Ein elegantes Auto, der Kurator, der Dekan Jacoby. [...] Der Mittwoch, 17. 9., brachte dann die Entscheidung. Das Anerbieten, das man uns machte, war so, daß ich es nicht ablehnen konnte. [...] Ich lasse mich für »romanische Literaturwissenschaft« berufen. Eva schien wechselweis zufrieden und schwer bedrückt. Rein ist mein Gewissen nicht, aber ich glaube immer wieder, daß ich richtig entschieden habe.

22. September 1947

Vanitas vanitatum: ich will es mir gar nicht eingestehen, welche Erlösung es für mich bedeutet, nun doch noch am Ende meines Lebens ein Universitäts-Ordinariat erlangt zu haben. Wenn auch nur in der Ostzone und dort das kleinste.

23. Oktober 1947

176

Erlösung von Greifswald. [...] Geradezu dramatisch: das romanistische Ordinariat Halle ist mir in aller Bestimmtheit angeboten [...]. Freiheit! Beglückung Evas. – Neueintritt ins Leben.

9. Februar 1948

An der äußersten Nordwest-Grenze der Stadt, mitten im Heidewald, halb Hellerau, halb Strausberg – Eva ist immer neu beglückt von dieser Landschaft, sie ist auch einverstanden mit der gepflegten Großstadt Halle – über 300 000 Einwohner –, und so, wie mich ihre ständige Verdüsterung und Erbitterung über Greifswald lähmte, so tröstet mich hier ihr sofortiger und täglich verstärkter Einklang mit den Gegebenheiten der physikalischen und politischen Geographie. Im übrigen, glaube ich, wird sich für mich weniges geändert haben, weder im Guten noch im Bösen. Nur ist das chaotische Anfangsstadium zu überstehen.

27. August 1948

262. Halle: Marktplatz mit Händeldenkmal – Im August 1948 wurde Victor Klemperer ordentlicher Professor am romanischen Seminar in Halle.

177

In Berlin […] starker Eindruck vom neuen Kurfürstendamm. Die Großstadt über und zwischen aller Zerstörung, Vergnügungshaus neben Vergnügungshaus: Kinos, Restaurants, elegante Läden, strömendes Publikum. Dabei alle Gebäude irgendwie angeschlagen oder schwer zerstört und die Gedächtniskirche am dominierenden Punkt, charakteristischstes Haus der ganzen Region: Taufhaus des Westens, Kaiserliche Kirche mit halb abgeschlagenem Turm, eine überall gähnende Ruine. Alles sauber verschneit …

25. Februar 1948

263. Berlin: Kaiser-Wilhelm-Gedächtnis-Kirche um 1947

Zu Haus ein Telegramm von etlichen sechzig Worten: Außerordentliche Sitzung des Präsidialrates wegen des amerikanischen Kulturbund-Verbotes am 5. November. […] Ich empfand sie als nichtig, weil ja jeder weiß, was gespielt wird, und niemand darf es sagen. Jeder weiß, die Amerikaner verbieten den Kulturbund in ihrem Sektor, weil er russophile Politik macht, weil er im Kern SED-Gesinnung bevorzugt. Wir ließen zuerst Lemmer, den CDU-Mann unserer Richtung, sprechen, dann […] Angaben verlesen und kommentieren, die unsere absolute Überparteilichkeit belegten: Vorträge englischer, amerikanischer, französischer und russischer Leute (meist Offiziere), vorwiegend Masse parteiloser Mitglieder usw. Dann eine feierliche Protesterklärung, in dem Satz gipfelnd, daß man gegen das demokratische Wesen sündige, wenn man die stärkste rein kulturelle Vereinigung (120 000 Mitglieder!) verbiete.

1./8. November 1947

264. Eine Präsidialratstagung des Kulturbundes im Februar 1948 mit Victor Klemperer (am Rednerpult), daneben Ernst Lemmer, links Max Pechstein

265. Berlin: Schauspielhaus am Gendarmenmarkt – Am 17. und 18.3.1948 tagte unter dem Motto »100 Jahre März-revolution« der »2. Deutsche Volkskongreß« in Berlin. Die Delegierten aus West und Ost beschlossen ein Volksbegehren zur deutschen Einheit.

Es ist mit so einem Kongreß wie mit dem Zirkus: höchstens alle paar Jahre einmal macht es wohl Spaß. Alles war mir diesmal abgelatscht und durch-gekaut, und alles Äußere genauso wie vordem. Als ich vorn an der Kasse die Bergleute in Uniform sah, kam mir dieser Zirkusgedanke. Der Anblick der Staats-oper, des Präsidiums, der Photographen ... das kenne ich nun schon genau. Und wie sollte einer vom SED-Standpunkt schon Neues über 48 sagen können? – Ich habe so wenig als möglich drin gesessen und nicht *eine* Rede ganz gehört, ich werde in der Zeitung lesen, was ich zum Referat brauche. Aber ich habe x Händeschüttel-lungen ausgetauscht, bin von x Leuten gesehen worden, und das ist das Wesent-liche und genug.

19. März 1948

266. Ein Versorgungsflugzeug bei der Landung in Berlin-Tempelhof – Nach der Abrie-gelung der Zufahrtswege, die die westlichen Sektoren Ber-lins von Juni 1948 bis Mai 1949 von aller Versorgung abschnitt, wurden die notwendigen Güter mit Hilfe einer »Luftbrücke« durch amerikanische und bri-tische Flugzeuge eingeflogen. (Aufnahme von 1948)

Entscheidend ist das durchdringen-de Gefühl, im Ausland zu sein, im feindlichen, in einer absolut anderen Welt, und das ein paar Straßen vom hei-matlichen Berlin entfernt. Das Geld, du kannst die Tram nicht bezahlen, die Wa-ren im Schaufenster. Das Rechnen der Menschen – zwei Mark das Kino, und für dich sind es acht – und das Denken, das Denken! Und dazu immerfort die Luft-brücke, immerfort, Minutenabstand. Tag und Nacht, trotz der »aufgehobenen« Blockade.

29. Mai 1949

267. Karl Vossler, Victor Klemperers Lehrer in München, starb am 18.5.1949.

Heute nun, während ich mittags an diesen Notizen saß und darüber einschlief, telefonische Nachricht vom Tode Vosslers. [...] An der Oberfläche das Nächstliegende: ich wäre so gern hingekommen, teils vanitatis halber, teils aus dem politischen Grund, dort vor den Studenten des demokratischen Klubs zu reden ... Auf der anderen Seite: ich hätte hier vieles ausfallen lassen müssen und hätte auch böse Strapazen erlitten. [...] Unter der Oberfläche: *meine* Welt versinkt. Mit Vossler hing ich aufs engste zusammen. Nächst Eva geht meine stärkste Beeinflussung von ihm aus. [...] Vossler verfolgt mich. Mit dem wehenden Schnauzbart und Schlapphut, mit der feliden Biegsamkeit seiner Florettfigur und -haltung, halb Brigant, halb Kavalier der Renaissance, mit der chevaleresken Theaterhaltung auf dem Katheder, eine Hand in die Seite gestemmt – einer meiner Studenten in Dresden, der von ihm kam, kopierte ihn offensichtlich. – Und dann mit kurzem ergrauendem Schnurrbart, älter geworden, aber immer noch reife Höhe der eleganten Virilität, 1928, als er *mein* Ehrendoktor in Dresden wurde. Und dann, ein alter Herr, leicht ermüdend, nicht mehr sehr gut hörend, aber immer noch sehr anteilnehmend, sehr ungebrochen 1945 in München: »Das ist der Mann, dem ich den ersten Ehrendoktor verdanke!« [...] An Vossler habe ich die höchste Blüte der virilitas gesehen und ihre Vergänglichkeit. Er füllt mein Leben mit seiner Erscheinung. Wo ist ER nun, spielt er mit unserm schwarzen Kater Nickelchen?
20./24. Mai 1949

D ie Deutsche Demokratische Republik«. Das tobt seit gestern im Rundfunk. Die Präsidentenwahl, die Aufmärsche, die Reden. Mir ist nicht wohl dabei. Ich weiß, wie alles gestellt und zur Spontaneität und Einstimmigkeit vorbereitet ist. Ich weiß, daß es nazistisch genau so geklungen hat und zugegangen ist. Ich weiß, wie wenig Realität dahinter steckt.

12. Oktober 1949

I ch suche mir einzureden, an die sowjetische Sache zu glauben, und im Innersten glaube ich doch an gar nichts, und alles scheint mir gleichermaßen unwesentlich und gleichermaßen erlogen. Die greuliche Ähnlichkeit mit nazistischen Methoden läßt sich in der Propaganda für die Gesellschaft, in dem Lärm um Stalins Geburtstag nicht verkennen.

16. Dezember 1949

268. Aufmarsch der Freien Deutschen Jugend. (Bild aus dem Film »Dresden«. Regie: Richard Groschop

Achtes Kapitel
1950–1959

Letzte Weisheit jeden Tages: stur weiter, arbeiten, *nicht denken*!
Tiefste politische Enttäuschung. Von der Begeisterung ist nur
geblieben: *wir* sind das kleinere Übel. Und: der Marxismus ist
a) besser als unsere SED-Regierung, b) eine Religion wie andere
auch – und ich kann nicht glauben.
31. Dezember 1955

1953	5. 3. Tod Stalins
	17. 6. Volksaufstand in der DDR
	Höhepunkt der Fluchtwelle aus der DDR
1954	23. 10. Pariser Verträge, Beitritt der Bundesrepublik zur WEU und NATO
1955	14. 5. Gründung des Warschauer Paktes, Beitritt der DDR
	12. 11. Gründung der Bundeswehr
1956	18. 1. Gründung der Nationalen Volksarmee
	4.–25. 2. XX. Parteitag der KPdSU leitet »Entstalinisierung« und kurze »Tauwetter-Periode« ein
	23. 10. Beginn des Volksaufstandes in Ungarn
	29. 10.–6. 11. Suezkrise
	29. 11. Verhaftung der Gruppe um Wolfgang Harich
1957	2. 10. Rapacki-Plan zum Verbot von Atomwaffen
1958	Öffentliche Proteste in der Bundesrepublik gegen atomare Ausrüstung der Bundeswehr
	16. 11. Wahl zur Volkskammer in der DDR
	März Bundestag billigt Ausrüstung der Bundeswehr mit modernsten Waffen im Rahmen der NATO
	27. 11. Berlin-Ultimatum Chruschtschows
1959	11. 5.–5. 8. Außenministertreffen der Vier Mächte in Genf mit Beobachterdelegationen beider deutscher Staaten

269. Berlin: Hochhaus an der
Weberwiese, März 1952

Bitterer vielleicht [...] ist mein Auseinanderklaffen in allem Geistigen mit der SED. Ich kann aber nicht nach Westen ausweichen – der ist mir *noch* zuwiderer. Bei der SED ist es nur die Wissenschaft, nur die momentane Überspanntheit, 150prozentigkeit, drüben aber *alles*, was mir verhaßt ist. Aber dieses »nur die Wissenschaft« verbittert mir den Rest des Lebens und hält mich nun doch auf meinem alten Platz »zwischen den Stühlen«, vielmehr wirft mich dorthin zurück, nachdem es mir geglückt schien, einen besseren Sitzplatz zu haben.
24. Mai 1950

Kammmer [...] Zu Anfang Grotewohl. Langes Sündenregister der Bonner, heftigste Angriffe auf Adenauer und Schumacher, stärkste Worte («Lüge!«), und immer wieder: »An *einen* Tisch« (neueste Abwandlung: *an tausend Tische* LQI) und »Wir werden den Frieden erzwingen!« Ich sagte wiederholt: Zwingen heißt Gewalt anwenden. Welche? »Flammende Proteste« tun es nicht. Gewöhnliche Antwort: sie tun es doch. Im Westen entfesseln wir wachsenden Widerstand, er wird Adenauer *»hinwegfegen« (LQI!).*
17. März 1951

LQI. Früher bloß Republik. Jetzt: *Volksrepublik, demokratische* Republik, DDR.
25. Februar 1951

270. Zeichnung von
Alfred Ahner (1950)

271. Friedenskundgebung der
I. G. Post am 11.7.1950 im
Berliner Friedrichstadt-Palast

DIE
WAHRHEIT
DEM
VOLKE

272. Agitationsbroschüre aus der Reihe »Die Wahrheit dem Volke« von 1950

Die Radionachrichten eintönig und trostlos. Ich glaube nicht, daß wir an *Krieg* und *Bürgerkrieg* vorbeikommen. Ich stehe allem skeptisch gegenüber, was bei uns über Opposition gegen den Adenauer-Kurs und die Amis, über Sympathie für Grotewohls Verhandlungsangebot gemeldet wird. Das sind die paar Kommunisten, die bei allen Wahlen keine 5% Stimmen aufbringen.
30. Dezember 1950

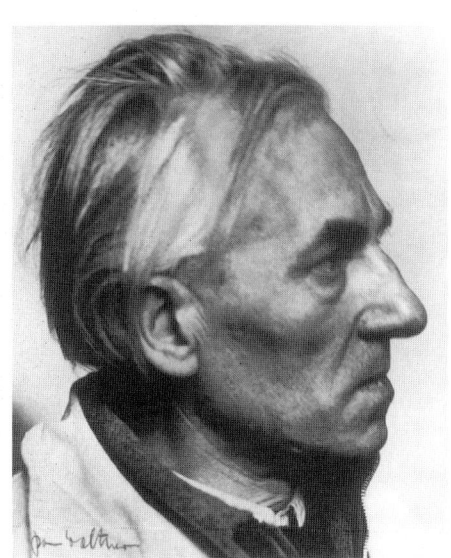

273. Der Maler und Grafiker Hans Grundig. Im Zusammenhang mit der sogenannten Realismus-Debatte wurden seine Werke scharf angegriffen. (Foto von Pan Walther)

LQI. *Schiefliegen.* […] Gusti berichtete: in Chemnitz, irgendeine Halle ist realistisch auszumalen. Die Kommission unzufrieden. »Was wollen Sie?«, fragen die Maler, der russische Offizier antwortet: »Wirklichkeit – aber bissel schöner!«. Es muß jetzt alles auf Optimismus und Lebensfreude zugeschnitten sein. Keep smiling! *Hans Grundig* wurde gestern 50 Jahre. Er und seine Frau Lea liegen zur Zeit schief. Er wurde neulich im Radio angegriffen. Farbe sei ihm wichtiger als klarer Inhalt, die Gesichter seien nicht aktivistisch genug. Gusti hatte Mühe, ihren Geburtstagsartikel einigermaßen unverändert in der Sächsischen Zeitung unterzubringen.
20. Februar 1951

Im Zentrum aller Dinge hier DER Wagen, dunkelgrau, massig und elegant, 4 Türen, 25 Zentner, 55 PS, der Chauffeur Wünsche hatte *Bel Ami* (gestern fand ich den Namen) am Mittwoch abend gebracht, und tags darauf war Eva schon zu einer SED-Sitzung im Dölzschener Gemeindehaus gefahren. […]
Der Wagen! Wie die Militärstiefel im russisch-japanischen Krieg: Pappsohlen. Neulich das Kugellager, dann bricht eine Schraube, dann bricht der Schraubenschlüssel, dann ist der Benzintank am Deckel gesprungen. […] In der BMW-Werkstatt stehen 40 Wagen, neu wie unserer und entzwei wie unserer. […] Wenn nun unsere ganze DDR Ähnlichkeit mit meinem schönem BMW hat, auf dem keine Garantie liegt und der von Anfang an in allen Knochen knackt?
22. April/20. Juni 1951

274. Seit dem 7.3.1950 wohnten Klemperers wieder in ihrem Haus in Dölzschen. Um von hier aus seinen vielen Verpflichtungen in Halle und Berlin nachzukommen, kaufte Victor Klemperer im April 1951 einen Wagen, den der Chauffeur Lindner fuhr.

275. Nach der Gastprofessur an der Berliner Humboldt-Universität erhielt Victor Klemperer im Juli 1951 ein Ordinariat am Romanistischen Institut in Berlin, das er bis Juni 1955 wahrnahm.

Jetzt, wo ich 70 und am Rand der Erde bin, soll mir nun doch noch Berlin zufallen! Vanitatum vanitissimum vanitas! Und doch packt es mich geradezu quälend, und ich zittere, dies könnte im letzten Augenblick nun doch wieder scheitern wie die Rektoratsaffäre. Prüfender in Berlin, Direktor des dortigen romanistischen Instituts (nicht bloß Seminars!) ... es steht als Ungeheures vor meiner Phantasie ... Ich gedenke der Sehnsucht Georgs usw. usw. Und dabei immer: die Humboldtuni ist eine Ruine! Wiederum, man baut sie auf, sie ist trotz allem und allem *die* Uni der Republik. Etc. in infinitum, es ließ mich nicht mehr frei, ich schlafe damit ein, ich wache damit auf.
20. Mai 1951

Zwischen ½ 9 und ½ 10 muß Eva einen Herzschlag erlitten haben. [...] Vor ein paar Tagen, während ich in Wien war, fuhr sie mit Weller nach Schellerhau, wo es irgendeinen botanischen Garten für Alpenpflanzen gibt. Lindner hat eine ganze Auswahl von Aufnahmen gemacht: Eva im Gespräch mit den Gärtnern, gebückt die Pflanzen studierend, vorsichtig und elegant gestützt die Steinpfade entlanggehend – alles so frisch und lebendig. Nichts von der Gebeugtheit, die mich im letzten Jahr manchmal an ihr ängstigte. [...] Evas größter Schmerz war wohl der Verlust ihrer Kompositionen. Niemand weiß, wie schöpferisch sie war. Sie klagte, alles von ihr Geschaffene werde vernichtet: ihre Kompositionen, ihre Bilder – sie war Schülerin Leistikows. – Der Maupassantband ist alles, was bleibt – und wird zu Unrecht immer wieder mir zugeschrieben. Ich habe es immer als bedrücklich empfunden, daß die äußeren Ehren an mich gingen. Sie war so tausendmal begabter als ich: Musikerin, Malerin, Philologin, und sie war tausendmal tapferer, sittlicher, uneigennütziger, freier, selbständiger, geschickter als ich, und sie war, im vollen Gegensatz zu mir, niemals neidisch und niemals ehrgeizig. Meine einzige Gewissensberuhigung: ich habe das nie verkannt und es ihr tausendmal gesagt.

8. Juli 1951

276./277. Eva Klemperer wenige Tage vor ihrem Tod. (Die Aufnahmen machte der Chauffeur Hans Lindner.)

Vielleicht ist es gut, daß ich mich jetzt mit aller Publikation zurückhalte. Bis der Wahnsinnskurs unserer Zensur und Kulturpolitik überwunden ist. Die Kritiken an meinem Maupassant-Essai, an meinem Molière, das Schicksal meiner Modernen französischen Lyrik, alles und jedes zeigt mir doch schon längst, daß ich nicht mehr anständig schreiben, daß ich geistig nicht mehr atmen kann. Ich muß mir immer wieder sagen: *deshalb* darf ich doch *nicht* der Sache des Kommunismus untreu werden, dies ist ein peinliches Nebenprodukt oder Zwischenspiel der Riesenumwälzung. Ich muß es mir aus der DDR-Lage erklären. [...] Gewiß – aber *ich* bin ein Opfer dieser Situation.

27. Januar 1951

278. Büchermagazin der Sächsischen Landesbibliothek. (Aufnahme von 1959)

Sehr, sehr desillusioniert. Statistenrolle und Zeitvergeudung langweiligster Art, leerstes Repräsentationsspiel: die Volkskammer. Man nimmt mit und ohne Aufstehen alles einstimmig an, ich habe heute zwei Grundgesetze über vermehrte Länderkammer, vermehrte Ministerien akzeptiert, ich weiß weniger als nichts davon. Und ich habe mich von meinem Sitz erhoben und dem großen Führer der SU zugeklatscht. [...] *Zweig* murmelte starken Protest, als wir die ganz unbekannten zwei Gesetze annahmen, aber auch er erhob die Hand; er murmelte noch stärkeren Protest, als wir uns für veliki Stalin erhoben und klatschten, aber er erhob sich mit und klatschte mit.

8. November 1950

279. Im November 1950 wurde Victor Klemperer für die Fraktion des Kulturbundes Mitglied im Rechtsausschuß der Volkskammer.

Unserem Ordinarius
Herrn Prof. Dr. Viktor Klemperer

zu seinem 70 Geburtstag
in Liebe und Verehrung

DAS ROMANISCHE SEMINAR
DER UNIVERSITÄT HALLE

HALLE / DEN 9. OKTOBER 1951

280. Zum 70. Geburtstag
Victor Klemperers gestalte-
ten Mitarbeiter des Romanischen Seminars der Universität Halle ein Fotoalbum,
das Fotos von ihm, Kollegen
und Studenten enthielt. –
Die Abbildungen 281–285
sind ebenfalls aus diesem
Album.

281.

Dienstag, 9. 10., der Siebzigste. Um sechs Uhr schon nach Halle gestartet [...] – feierliche Gratulation und Ansprachen. [...] Andeutung, daß man sich in Halle auf einen roten Hetzer gefaßt machte –, und ich hätte doch durch meine Humanität alle gewonnen ... In meiner Antwort (ein bißchen gerührt, was sich nachher legte) sagte ich ein Bekenntnis zu meiner Partei, zum neuen Humanismus. – Mein Seminar fand ich neu möbliert vor, zwei Bilder von mir an der Wand, eine Unmenge an Blumen und Blumenkörben. [...] Das Seminar am Nachmittag fiel aus – statt dessen große Kaffeetafel [...]. Ansprachen, die hübscheste von Hadwig Kirchner. – Ich sprach dann. In Halle sei ich zu Hause, in Berlin an der Front. Mein Verhältnis zu Krauss. Wir ziehen am gleichen Strang, wir reden das gleiche Französisch, aber ein verschiedenes Deutsch. [...] Geschenke, vor allem das schöne Photographiealbum.
13. Oktober 1951

189

282.–285.

191

Tagung des Zentralvorstandes des VVN [Vereinigung der Verfolgten des Naziregimes], in den ich jetzt kooptiert bin, (also am 27. 10.) im Hotel Johannishof […] am Eingang der Johannisstraße. Die Mauerreste der Reformsynagoge stehen ein paar Schritte straßeinwärts noch genau so, wie ich sie – wann? – mit Eva besichtigt habe […]
Im Zuge hörte ich wieder einmal: »Die Juden schieben Kaffee.« Es sollen wirklich »die Juden« sein.
29. Oktober 1951

286. Ruine der Synagoge der jüdischen Reformgemeinde in der Berliner Johannisstraße. (Aufnahme September 1953)

Innere Not: *»Krauss«*. Ich habe schweren und allzu fundierten Minderwertigkeitskomplex. Er ist mir fraglos äußerst überlegen an Kenntnis wie Ingenium. Er »kann« Marxismus, Philosophie und Geschichte, er kann auch russisch – ich fühle mich in die Rolle des alten Schulmeisters mit kleinem Repertoire gedrängt, und meine älteren Schüler und Rita kennen nun dieses Repertoire und hören mich alte Platten abschnurren. Waren dagegen entzückt von den 2 Stunden, die Krauss (18. Jahrhundert) meinen 7 entgegensetzt. Mir selbst imponiert er in Privatunterhaltung: »Junghegelianer, der junge Marx« – vor dem Pariser Aufenthalt sei er »philosophischer Kommunist«, aber das halte er, Krauss, zurück, weil er nicht neuen Ärger mit der Partei haben wolle […]. Wie wird das gemeinsame Colloquium werden? Wir beschlossen, die Stellen über französische Literatur in den »Klassikern«, d. h. bei Marx, Engels, Lenin, Stalin, Mehring, systematisch durchzusprechen. Das wird wenigstens kein leeres Gerede werden – aber wie werde ich abschneiden?
19. Januar 1952

287. Nachdem der Romanist Werner Krauss 1947 Direktor des Romanistischen Instituts der Universität Leipzig wurde und 1951 einen weiteren Lehrstuhl an der Humboldt-Universität Berlin erhielt, empfand ihn Victor Klemperer als seinen stärksten Konkurrenten. (Foto von 1952)

288. Zeichnung von Lea Grundig »Porträtstudie Victor Klemperer«, 1952

289. 1. Pioniertreffen vom 19. bis 25.8.1952 in Berlin, im Hintergrund die Bilder von Pieck (links), Stalin und Thälmann, dessen Namen die Pionierorganisation während dieses Treffens annahm.

Gestern den ganzen Vormittag mit Gusti im bitterkalten Atelier Lea Grundigs. Sie zeichnete mich, es wurde eine interessante, aber absolut unähnliche Studie. [...]
Heute abend will ich den Balzac bei Gusti vorlesen, dabei soll mich Lea Grundig zum zweitenmal zeichnen. [...]
Der Abend der Balzac-Lesung bei Gusti sehr hübsch. Grundigs. Lea zeichnete mich wieder sehr vergeblich, will es noch einmal tun, und *er* will es nun auch, und in Berlin hat Doris mich zum zweitenmal aufs Papier gebracht.
6./12./20. Januar 1952

Dieser »Friedenskampf«. Er läßt sich nicht friedlich führen. Es wird wieder Krieg geben. Und Bürgerkrieg.
31. Dezember 1950

Als ich das Kolleg über Humanismus begann, begann draußen FDJ zu blasen und zu pauken. Sie hatten vorm Fenster Aufstellung genommen, ich sah ständig die Bewegung der gekreuzt erhobenen Hände mit den Paukenschlegeln – die verfluchte HJ-Bewegung. Ich schickte heraus, man solle aufhören. Es wurde noch ein Lied gepaukt. Ich schickte noch einmal heraus – sie zogen ab. Ich sagte erbittert, *so* gehe das nicht, bei uns werde »mit dem Kopf gearbeitet«, ich sei Freund der FDJ – aber *so* schade sie sich und uns. Es wurde getrampelt – von wenigen, die meisten saßen betroffen still.
7. November 1951

193

290. Am 25. Mai 1952 heirateten Victor Klemperer und Hadwig Kirchner. – Besuch nach der Hochzeit im Mai 1952 bei Rita Schober (links mit ihrem Sohn) in Berlin-Niederschönhausen

Aber welche Freude, dies blasse, schmale, geistvolle und zugleich fühlende und intellektuelle, kindliche und sehr reife Gesicht zu sehen, die wirklich herzliche Freundschaft, ich glaube fast: die wirkliche Sympathie, das Entgegenkommen zu spüren. Und die Wahrhaftigkeit und das ruhige Wissen in allem. [...] Jedenfalls: sie geht mir sehr nahe, rührt und reizt mich immer mehr, und eigentlich sind wir in gegenseitigen Geständnissen und Heimlichkeiten schon sehr weit – immer auf der Grenze von oder schwankend zwischen Scherz und ganz tiefem Ernst. [...] – Rita macht ein bißchen die Marthe Schwerdtlein.
14. März 1952

Am 23. also, Freitag morgen, erschien Lindner. Wir holten der Reihe nach ab: Hadwig, Rita und Robi (aus dem ZK-Haus), waren beizeiten auf dem Standesamt Berlin-Mitte in der Elisabethstraße. Komisch-würdig-peinliche Zeremonie, der Standesbeamte, eine zerknitterte, drollige Persönlichkeit, teils auswendig gelernte Würde, teils mit einer besonderen devoten Herzlichkeit, stolz auf den Sonderfall, hielt nach dem juristischen Akt eine feierliche Rede mit vielen Zitaten und dem Fünfjahrplan am Schluß. [...]. Es ging mir doch tief zu Herzen, daß Hadwig nun in aller Legalität an mich gebunden ist.
25. Mai 1952

Und morgen in Jena. Lidice. Ansprache auf dem Markt. Was sagen, außer dem vorgeschriebenen Klischee?
9. Juni 1952

Die Nationalpreis-Affäre verlief alles in allem etwas bedrücklich, ja degoutierend, jedenfalls geschmacklos und langweilig, und dies stütze ich nicht bloß auf meine »dritte Klasse«. – Auf der Bühne der Staatsoper bei geschlossenem Vorhang wurde man im Appell militärisch aufgerufen und an bestimmte Plätze gewiesen. Bestimmt reichlich hundert Leute – sehr viele Kollektive [...]. Dann, vom Podium vor den Bänken aus, verlas Pieck eine kurze schwunglose Rede, trat dann vor ein Tischchen in der Mitte der Bühne und verlas nun hintereinanderweg die Prämierten und ihre Verdienste (diese in knappster Form), wobei er über chemische Namen stolperte und [...] wie ein Automat sprach und die Hand zum Händedruck ausstreckte. Dabei stand ihm der Schweiß im Gesicht. [...] Das Diplom sehr inhaltlos und schematisch: für »Verdienste um Germanistik und Romanistik«.
12. Oktober 1952

291. Ansprache Victor Klemperers auf einer Gedenkveranstaltung in Jena zum 10. Jahrestag der Ausrottung Lidices durch SS-Einheiten als Vergeltung für das Attentat auf Reinhard Heydrich

292. Am 6.10.1952 erhielt Victor Klemperer den Nationalpreis für Kunst und Literatur III. Klasse durch Staatspräsident Wilhelm Pieck

Alle meine Vorlesungen und Seminare, in Berlin wie in Halle, sind ein verzweifelter Kampf für die Freiheit des Geistes.

20. Februar 1952

Meine Vorlesung gelungen. [...] Mein A und O hierbei und in der öffentlichen Vorlesung, zu der noch immer 100–125 Leute kommen: lernt das bürgerliche, das katholische, das *andere* Frankreich kennen! Und immer wieder kaum verhüllte Kritik an unserem Lehr- und Kulturbetrieb.

21. März 1955

293. Im Romanistischen Institut der Humboldt-Universität Berlin am 22.1.1953

294. Victor Klemperers Vorlesungen wurden auch von vielen Studenten anderer Fachrichtungen besucht.

Ahrenshoop: [...] Aus Born kam Doris Kahane. Dort das Praktikum ihrer Malschule [...]. Sie malte zwei Tage an mir herum.

13. Juli 1953

295. Victor Klemperer und seine Nichte Doris Kahane, die ihn im Juli 1952 zeichnete

296. Demonstration am 17.6.1953 auf dem Ostberliner Marx-Engels-Platz – Nach der Erhöhung der Arbeitsnormen streikten am 16.6.1953 die Bauarbeiter der Berliner Stalinallee. In über 270 Orten kam es daraufhin am 17.6. zu Streiks, Demonstrationen und Kundgebungen; es wurden der Rücktritt der Regierung und freie Wahlen gefordert.

Nachmittags zwei Stunden bei Gusti Wieghardt. Anwesend Hermann Duncker [...]. Wir erfuhren an Neuem: *Görlitz*, stärkster Aufruhr [...]. Dann russische Panzer und Ende des Spuks. Schwere Unruhen in Halle und Magdeburg (Gefangene befreit, politische und andere) etc. Kurzum: der organisierte »Tag X«, Streik Vorwand, Hülle, Ausgangspunkt. Versagen vieler, vieler Arbeiter, Behörden usw. Duncker, der sich genau von mir berichten ließ, erbittert gegen Schwäche, Unfähigkeit und Zickzackkurs der Regierung. [...] Wer ist schuldig, wer gibt wem Rechenschaft?? Ich: nach solchen Fehlern oder Mißerfolgen tritt in parlamentarischen Ländern das Ministerium zurück. Was hat bei uns zu geschehen? Gusti und Duncker: das stehe nicht fest ... Duncker: das Politbüro müsse sich vor dem ZK, das ganze ZK vor der Gesamtheit der Partei, vertreten durch Delegierte oder Kongreß, verantworten. [...] Ich: und die Volkskammer? Duncker: ja, die müsse man auch hören. (Sie war ihm erst also gar nicht eingefallen.)
19. Juni 1953

297. Victor Klemperer zu Besuch bei Auguste Wieghardt-Lazar (links), in der Mitte Hermann Duncker

298./299. Hadwig und Victor
Klemperer am 29.5.1953

300./301. Ostsee-Urlaub in
Ahrenshoop auf dem Darß.
(Juli 1953)

302/303. Bei Auguste Wieghardt-Lazar (oben, 2. von
links), neben ihr die Eltern
Hadwig Klemperers. Adolf
und Annemarie Kirchner,
rechts Ludwig Renn; unten
Victor Klemperer mit Renn

Mit Hadwig jeden Tag von neuem sehr glücklich, und jeden Tag im Zusammenhang mit ihr die gleichen schweren Gedanken, das gleiche Gefühl des doppelten Ehebruchs.
29. Dezember 1953

In den Zeitungen eine blödsinnige ADN-Meldung aus China, man habe bei christlichen Hospitälern Kindergräber aus dem Jahre 1919 bis Gegenwart entdeckt mit 50 000 »grausam ermordeten« Kindern. Französische und spanische Geistliche hätten als Agenten des Imperialismus durch solche Morde die Kraft des chinesischen Volkes brechen wollen!! [...] Wer ist so dumm bei uns, so plumpe Lügen zu schlucken? Wer? Gusti Wieghardt sagt: warum sollen die Missionare nicht experimentiert haben, wie die Nazis experimentierten?! Und Ludwig Renn widerspricht ihr nicht. Ich weiß oft nicht, vor wem ich größeren Ekel habe, wen ich für verlogener halte, den Westen oder den Osten. [...] Dabei sind sie und Renn durchaus Gegner des gegenwärtigen SED-Betriebs. Renn war mehrere Tage Gustis Gast. Einmal, am Dienstag, saßen wir plus Kirchners seniores in Gustis Garten, es wurde geplaudert und photographiert.
15. August 1953

Die Vorlesung selber macht mir immer wieder Freude – die Vorbereitung langweilt mich, hält mich auf (besonders seit ich den Larousse habe), das Fahren ermüdet, der Gedanke an die Akademie, in die ich nicht gehe, erbittert […] – aber die Vorlesung selber, die Dankbarkeit der Germanisten neben den Romanisten tut doch immer wieder wohl.

11. November 1954

Ständig tiefe politische Enttäuschung. Unsere Kultur- und sonstige Politik ist so dumm und verlogen, sie ist nur eben das »kleinere Übel«. – Und wo ist Sicherheit?

15. März 1955

304./305. Victor Klemperer in seinem Arbeitszimmer in Dölzschen. (Aufnahmen vom 14.5.1954)

Ich habe mir doch wohl meine Parteizugehörigkeit ein wenig eingebildet. Im letzten bin ich liberal.

8. März 1954

306. Victor Klemperer und die Wirtschafterin Frau Duckhorn beim Betrachten der Sonnenfinsternis am 30.6.1954

Seit vielen Tagen Regen, Regengüsse, im Garten platzen die Kirschen an den Bäumen. Gestern in einer Regenpause im Wagen zur wilden Weißeritz herunter, zur ziemlich wilden Elbe, danach zur Talsperre Malter – imposanter Wasserfall, viel Publikum, Hadwig photographierte, Lindner (photographierte an der Weißeritz), Frau Duckhorn mit uns, kleiner Familienausflug.
11. Juli 1954

Hochzeitstag, drei Jahre! Mein unverdientestes Glück, mir jeden Tag lieber, und jeden Tag in jeder Hinsicht mein Gewissen belastend.
25. Mai 1955

307. Victor und Hadwig Klemperer bei einem Ausflug an die Weißeritz am 11.7.1954

308. HO-Kiosk in der Berliner Stalinallee, Oktober 1954

Um fünf fuhren wir – für mich etwas fast ganz Neues – in die Stalinallee, »Haus der Stoffe«. Seit Monaten sind wir auf der Jagd nach Daunendecken. Immer, hier und in Dresden »sollen« sie kommen. [...] Jetzt – viel Telefonieren ging voraus – sind sie da, aber noch auf Lager [...] und morgen erst zu haben. Wir wollten anzahlen. Nicht erlaubt. [...] Während wir verhandelten, fragten immer wieder Leute nach dem und jenem. »Zur Zeit nicht da – unbestimmt, wann.« Dabei sollen die Kaufhäuser der Stalinallee die bestversorgten der pauvre DDR sein.
30. März 1955

201

309. Beim Festakt der Schiller-
ehrung am 14.5.1955 in Weimar hielt Thomas Mann
(1. Reihe Mitte) die Festan-
sprache. (2. Reihe links Hadwig Klemperer, Victor Klemperer, Arnold Zweig, Beatrice
Zweig; vorn rechts Johannes
R. Becher)

Wir saßen bei der Feier am 14., Vormittag, unmittelbar hinter Thomas
Mann, zweite Parkettreihe. Mir fiel das
ununterbrochene leise Zittern des mage-
ren Kopfes und der großen Ohren auf.
Neben ihm die Tochter, ihm überaus ähnlich, aber auch der Mutter ähnlich, in
deren Gesicht eine merkwürdige An-
gleichung an den Ehemann. Er sprach
wohl eine gute Stunde. Merkwürdige
Mischung aus Schullehrer, Geistlichem,
Opa, geübtem Schauspieler mit reichli-
chem Gestikulieren, mit humoristisch-
ironischen Tönen. Alles sehr warm, sehr
einfach – über Philosophie und Ästhetik
hinweggehend. Aber die Sprache, das
Pointieren, die theatralische Wirkung

betonend. – Vor ihm, einführend, Becher:
durchaus würdig. Man hat Mann etwas
demütig geehrt, wie einen König, ist ihm
an die DDR-Grenze entgegengefahren …
Die Rede wurde gleich als Broschüre ver-
kauft – ich will sie nachlesen. (Wann?)
17. Mai 1955

Ich hatte als Senior ein paar Worte beim Essen im Ratskeller zu sagen. Der Oberbürgermeister Wimmer hatte von der Entwicklung Münchens gesprochen. Ich hob gerade dies hervor: ich hätte das alte München erlebt, das stille, und nun sähe ich die neue Weltstadt. [...] Ein Lektor wollte mir offenbar Freundliches sagen: ich hätte so nett gesprochen. Ob ihn das wundere? »Ja, nach Ihrer LTI« ... Denn *so* denke und spreche man ja bei uns ... Woher er das wisse? »Es kommen doch so viele Leute zu uns, die davon erzählen«, es gehe bei uns zu wie zur Hitlerzeit!
5. Juni 1955

Der Kongreß selber in quanto Referate das Langweiligste und Unergiebigste ... Herumstehen im Vorraum – Gespräche. [...] Mich erfüllt bei alledem immer der Wunsch, die Reise möge für Hadwig dauernde Bedeutung haben. Über *mich* nachzudenken habe ich mir abgewöhnt.
6./16. April 1956

310. Teilnehmer des Deutschen Romanistentages am 1. und 2. 6. 1955 in München bei einem Busausflug nach Tübingen. (Vorn 4. von links Victor Klemperer)

311. Victor Klemperer mit Rita Schober und Hans Rheinfelder (links) während des Internationalen Romanistenkongresses in Florenz

312. Vom 3. bis 8. 4. 1955 nahmen Hadwig und Victor Klemperer am Internationalen Romanistenkongreß in Florenz teil. Von hier aus besuchten sie u. a. San Gimignano.

313. Pressekonferenz des Haushalts-, Finanz- und Rechtsausschusses der Volkskammer am 13. 9. 1956 mit Victor Klemperer (rechts) als Abgeordneter

A m Mittwoch, 18. 1., [...] die »historische« Sitzung, in der wir die Schaffung der Nationalen Volksarmee einstimmig annahmen. Dieses ganze Parlamentspielen: choses farces, farces, farces ... tristes, tristes, tristes. Und doch die DDR das kleinere Übel. Und es kränkt mich, wenn ich der achselzuckenden Verachtung der DDR begegne und nicht widersprechen kann.

23. Januar 1956

314. Victor Klemperer erhielt am 14.11.1956 den Vaterländischen Verdienstorden in Silber durch Wilhelm Pieck in dessen Amtssitz Schloß Niederschönhausen.

G estern Telegramm und Telefonat aus Berlin: ich erhalte nun doch den Vaterländischen Verdienstorden in Silber. Es bedrückt mich, daß Hadwig (zu Recht!) diese Auszeichnung einigermaßen mißachtet und ungewollt spöttisch hinnimmt.

9. November 1956

Ständiges West-Radiohören. Zu den wirren und blutigen Nachrichten über die ungarische Revolution – gegen wen, wofür? Wirklich ein »Freiheitskampf« gegen die Russen?? – seit gestern abend der israelische Angriff auf Ägypten – gleichfalls völlig undurchsichtig. [...]
Ungarn nach wie vor bedrücklich. Der Westen spricht von Ungarn, der Osten von Suez – aber für *uns* bleibt Ungarn das eigentlich Katastrophale. Immer und überall die Frage: was wird bei uns? was mit Ulbricht? [...] Quälerisch für mich persönlich die Angriffe unserer Presse gegen den Kardinal Mindszenty. In der Sächsischen Zeitung sein Bild – sehr abgezehrt zwischen Soldaten – der »Christ« (in Anführungsstrichen) zwischen Konterrevolutionären.

30. Oktober/15. November 1956

Vor Aufbruch nach Halle, wo wir leider zur Weihnachtsfeier bleiben und also übernachten müssen. Letztes Kolleg dieses Jahres. Bis Rousseaus Tod. Macht unendliche und sterile Mühe. Aufhören!

18. Dezember 1956

315. Aus »Sächsische Zeitung« vom 16.11.1956 – Jósef Mindszenty, seit 1945 Primas von Ungarn, wurde am 8.2.1949 unter der Anschuldigung des Hochverrates zu lebenslanger Haft verurteilt, am 30.10.1956 von Angehörigen der ungarischen Armee aus dem Gefängnis befreit.

316. Weihnachtsfeier des Romanischen Seminars am 18.12.1956 in Halle

Volkskammer: [...] Endgültige Annahme der Gesetze zum Ausbau der Demokratie. Ganz klar sind sie mir im Zentrum nicht: [...] wenn nun wirklich »das Volk« selber regiert, wenn die Volkskammer wirklich oberste Gewalt ist – was ist die Partei, was das ZK, was das Politbüro, was Staliniculus Ulbricht?? Und warum das Spiel mit *den* Parteien, wo doch *eine* regiert? Ich verstehe es nicht, ich bin ein alter Liberaler, und mein zeitweilig verdrängter Liberalismus schlägt immer wieder durch die rote Schminkeschicht.

19. Januar 1957

Wir fahren heute Mittag nach Berlin [...], müssen morgen früh 6 Uhr (sechs!!) an der U-Bahnstation sein. Damit beginnt die Chinafahrt. Große Spannung, sehr gemischte Gefühle bei Hadwig wie bei mir [...].
Gestern die Volkskammer: Vorbereitung der Wahl am 16. November, heute Akademiesitzung – ich habe beides, China vorschützend, abgesagt. Geteilten Herzens. Es ist gut, daß ich mich zurückziehe; es ist hart, sich stückchenweise ins Grab zu legen. Es ist gut, daß ich meine politische Rolle aufgebe; es wird mir schwer, ich wäre gern einmal Mitglied eines wirklichen gesamtdeutschen Parlaments geworden, in einer anständigen sozialistischen Partei.

25. September 1958

317. Victor Klemperer in der »Verbotenen Stadt« von Peking – Vom 26.9. bis 25.10.1958 unternahmen Hadwig und Victor Klemperer eine Chinareise.

318.–320. Aufnahmen im Mai 1954 bei einem Besuch des Neffen Peter Klemperer (Mitte links) und seiner Frau Inge (unten links) in Dölzschen; unten rechts der Arzt Dr. Alfred Schmeiser (Fotos von Inge und Peter Klemperer)

Z wischen den Stühlen«, mehr als je und in jeder, aber auch jeder Beziehung. Angst vor dem Tod und Angst vor dem Leben. Unbefangen keine Stunde mehr.

31. Dezember 1954

I ch habe als Journalist begonnen, bin lebenslänglich Publizist und zwischen den Stühlen geblieben. Berühmtheit im kleinen Käfig der DDR und nur für heute und morgen – eigentlich schon heute nicht mehr.

17. Oktober 1956

I ch sehe die Verlogenheit auf beiden Seiten und überall. Es geht überall um Macht, zwischen den Staaten, zwischen den Parteien. Jeder führt die Sittlichkeit im Munde, und jeder lügt.

10. August 1957

P olitisch in Ungnade und abgedankt und ohne Sympathie für, nicht für den Westen und nicht für den Osten. Deutschland ist ein in zwei Stücke zerfahrener Regenwurm; beide Teile krümmen sich, beide vom gleichen Faschismus verseucht.

31. Dezember 1958

I ch habe allen Glauben an Wirkungsmöglichkeit verloren. Allen Glauben an rechts und links. Ich lebe und sterbe als einsamer Feuilletonist.

29. April 1959

321. Grabstelle von Eva und Victor Klemperer auf dem Friedhof von Dölzschen. (Aufnahme von 1998)

Es soll zur Zeit meiner Wahl in die Akademie in einer Frankfurter Zeitung ein Artikel über die älteren Professoren der Humboldt-Universität gestanden haben. Wer von den älteren Universitätslehrern ihr jetzt noch die Treue halte, sei entweder ein Trottel oder gekauft – auf mich, Klemperer, treffe beides zu. Damals mir unverständlich. Ich habe im Plenum der Kammer als Sprecher des Rechtsausschusses in vollster Überzeugung die Wiedereinführung der Todesstrafe für schwerste politische Verbrechen gefordert – Brückensprengung z. B., ich habe jeden verurteilt, der zum Westen überlief. Warum widerrufe ich heute nicht öffentlich? Wo ich überzeugt bin, daß man hier russische Politik treibt und daß die Russen genauso imperialistische Machtpolitik treiben wie die Westdeutschen, nur etwas blutig asiatischer als der kultiviertere Westen. Warum begnüge ich mich mit Stillschweigen und habe selbst vor dem bemäkelten Stillschweigen Angst? Um Hadwigs willen.

25. Oktober 1959

322.Bleistiftzeichnung von
Jochen Heuer: »Vortragender
(Prof. Victor Klemperer)«
(um 1949)

1881	Victor Klemperer wird am 9. Oktober als neuntes Kind des Rabbiners Dr. Wilhelm Klemperer und seiner Ehefrau Henriette, geb. Frankel in Landsberg an der Warthe (heute Gorzów Wielkopolski) geboren
1885	Die Familie zieht nach Bromberg (heute Bydgoscz)
1891	Die Familie übersiedelt nach Berlin, Albrechtstraße 20. Der Vater wird 2. Pediger der Berliner Reformgemeinde
1893	Besuch des Französischen Gymnasiums in Berlin
1896	Wechsel zum Friedrichs-Werderschen Gymnasiums
	Umzug der Familie in die Winterfeldtstraße 26ǀ
1897	Kaufmannslehre bei der Exportfirma Löwenstein & Hecht, Galanterie- und Kurzwaren, Alexandrinenstraße 2
	Umzug der Familie in die Gossowstraße am Nollendorfplatz
1900–1902	Besuch des Königlichen Gymnasiums in Landsberg an der Warthe; Reifeprüfung
1902–1905	Studium der Germanistik und der Romanistik bei Franz Muncker, Erich Schmidt, Richard M. Meyer und Adolf Tobler in München, Genf, Paris und Berlin. Vorbereitung einer Dissertation bei Tobler
1903	Übertritt zur evangelischen Kirche unter familiärem Druck. Taufe
1905	Studienaufenthalt in Rom
1905–1912	Abbruch des Studiums und Leben als freier Publizist und Schriftsteller in Berlin
1906	Heirat mit der Pianistin Eva Schlemmer
	Wohnung in der Dennewitzstraße
	Sommerwohnung in Oranienburg
	Umzug nach Berlin-Wilmersdorf, Weimarische Straße 6a
	Glück. Eine Erzählung
	Schwesterchen. Ein Bilderbuch
	Talmud-Sprüche. Eine Kulturskizze
1907	*Paul Heyse.* Monographie.
	Adolph Wilbrandt. Eine Studie über seine Werke
1909	*Paul Lindau.* Monographie
	Übersiedlung nach Oranienburg
1910	*Aus härteren und weicheren Tagen.* Geschichten und Phantasien
	Berliner Gelehrtenköpfe
	Deutsche Zeitdichtung von den Freiheitskriegen bis zur Reichsgründung. Teil 1: Literaturgeschichtlicher Überblick. Teil 2: Gedichtsammlung
1911	Übersiedlung nach Berlin-Wilmersdorf, Holsteinische Straße
1912	Nochmalige Taufe
	Übersiedlung nach München, Römerstraße
	Wiederaufnahme des Studiums
1913	Promotion bei Franz Muncker und Hermann Paul: *Die Zeitromane Friedrich Spielhagens und ihre Wurzeln*
	Zweiter Frankreichaufenthalt: Montesquieu-Studien für Habilitationsschrift in Paris und Bordeaux
1914	Habilitation (Romanistik) bei Karl Vossler über Montesquieu
1914–1915	Lektor an der Universität Neapel (als Privatdozent der Universität München)
	Montesquieu, 2 Bände

1915	Kriegsfreiwilliger (November 1915 bis März 1916 an der Westfront)
1916	Lazarettaufenthalt in Paderborn
	Königlich Bayerisches Militärkreuz 3. Klasse mit Schwertern
1916–1918	Zensor im Buchprüfungsamt der Presse-Abteilung des Militärgouvernements
	Litauen in Kowno (heute Kaunas) und Leipzig
1918	Heimkehr im November nach Leipzig, Reichelstraße 16
1919	Übersiedlung nach München, Pension Michel, Bayerstraße 57
	Umzug in die Pension Berg, Schellingstraße 1[I]
	Außerordentlicher Professor an der Universität München
1920	Übersiedlung nach Dresden, Pension Blancke, Bendemannstraße 3
1920–1935	Ordentlicher Professor an der Technischen Hochschule Dresden
1920	Umzug in die Holbeinstraße 131[II]
1922	*Einführung in das Mittelfranzösische. Texte und Erläuterungen für die Zeit vom 13. bis zum 17. Jahrhundert*
	Idealistische Neuphilologie. Festschrift für Karl Vossler zum 6. September 1922, herausgegeben von Victor Klemperer und Eugen Lerch
1923	*Die moderne französische Prosa 1870–1920. Studie und erläuternde Texte*
1924	*Die romanischen Literaturen von der Renaissance bis zur Französischen Revolution* (Handbuch der Literaturwissenschaft). Von Victor Klemperer, Helmut Hatzfeld, Fritz Neubert [von Klemperer: 1. Einleitung, 2. Italien]
1925	*Die moderne französische Literatur und die deutsche Schule. Drei Vorträge*
	Idealistische Philologie. Jahrbuch für Philologie. Gemeinsame Herausgabe mit Eugen Lerch. Drei Folgen: 1925, 1927, 1927/1928
1925–1931	*Geschichte der französischen Literatur in 5 Bänden.* Band 5: Die französische Literatur von Napoleon bis zur Gegenwart, Teil 1–3. 1., Die Romantik. 1925. 2. Der Positivismus. 1926. 3. Der Ausgleich (Die Gegenwart). Hälfte 1: Bergson. Die gewahrte Form. 1931. Hälfte 2: Die Entgrenzung. Der Ausgleich. 1931. (Neuauflage 1956 u. d. T.: *Geschichte der französischen Literatur im 19. und 20. Jahrhundert)*
1926	*Romanische Sonderart.* Geistesgeschichtliche Studien
	Stücke und Studien zur modernen französischen Prosa
	Studienreise nach Spanien (13.3.–4.6.)
1928	Umzug in die Hohe Straße 8[I]
	Romanische Literaturen. Darstellung in Band 3 des *Reallexikons der deutschen Literaturgeschichte,* herausgegeben von Paul Merker und Wolfgang Stammler
1929	*Idealistische Literaturgeschichte.* Grundsätzliche und anwendende Studien
	Die moderne französische Lyrik von 1870 bis zur Gegenwart. Studie und erläuternde Texte
1933	*Pierre Corneille*
1934	Einzug in das Haus in Dölzschen, Am Kirschberg 19
1935	Zwangsweise Versetzung in den Ruhestand auf Grund des Gesetzes zur »Wiederherstellung des Berufsbeamtentums«
1940	Vertreibung aus dem Haus in Dölzschen
	Zwangseinweisung in das »Judenhaus«, Caspar-David-Friedrich-Straße 15 b
1942	Zwangsumsiedlung in das »Judenhaus« Dresden-Blasewitz, Lothringer Weg 2

1943	Zwangsarbeit in der Firma Willy Schlüter, Wormser Straße 30 c, danach Firma Adolf Bauer, Kartonagenfabrik, Neue Gasse, schließlich Firma Thiemig & Möbius, Papierverarbeitung, Jagdweg 10
	Erneute Zwangsumsiedlung in das »Judenhaus« Zeughausstraße 1[III]
1945	Februar: Nach dem Luftangriff auf Dresden Flucht nach Piskowitz
	4.–6. März: Flucht über Pirna nach Falkenstein im Vogtland
	3. April: Weiterer Fluchtweg über Schweitenkirchen (6.4.) und München (8.4.)
	nach Unterbernbach (12.4.)
	17. Mai: Rückkehr über München (22.5.), Regensburg (30.5.), Falkenstein (5.6.)
	nach Dresden (10.6.)
	19. August: Austritt aus der evangelischen Kirche
	1. November: Wiedereinsetzung als ordentlicher Professor an der Technischen Hochschule Dresden (bis 1947)
	23. November: Eintritt in die Kommunistische Partei Deutschlands
	1. Dezember: Leiter der Volkshochschule Dresden
1946	Vorsitzender der Landesleitung des Kulturbundes Sachsen
1947	*LTI –* Notizbuch eines Philologen
1947–1960	Mitglied des Präsidialrates des Kulturbundes zur demokratischen Erneuerung Deutschlands
1947–1948	Ordentlicher Professor an der Universität Greifswald. Wohnung: Pommerndamm 8
1948	*Kultur.* Erwägungen nach dem Zusammenbruch des Nazismus
1948–1960	Ordentlicher Professor an der Universität Halle
	Wohnung: Kiefernweg 10
1948–1950	Vorsitzender der Landesleitung des Kulturbundes Sachsen-Anhalt
	Mitglied des Zentralvorstandes der Gesellschaft für deutsch-sowjetische Freundschaft
1950	Rückkehr nach Dölzschen, Am Kirschberg 19
	Abgeordneter der Volkskammer für die Fraktion des Kulturbundes zur demokratischen Erneuerung Deutschlands
1951	Am 8. Juli stirbt Eva Klemperer
	Dr. h. c. paed. der Technischen Hochschule Dresden
1951–1953	Mitglied des Zentralvorstandes der Vereinigung der Verfolgten des Naziregimes (VVN)
1951–1955	Ordentlicher Professor an der Humboldt-Universität zu Berlin
1952	Heirat mit Hadwig Kirchner
	Nationalpreis III. Klasse für Kunst und Literatur
1953	Mitglied des Komitees der antifaschistischen Widerstandskämpfer
	Mitglied der Deutschen Akademie der Wissenschaften zu Berlin
	Zur gegenwärtigen Sprachsituation in Deutschland. Vortrag
	Der alte und der neue Humanismus. Vortrag
1954	*Geschichte der französischen Literatur im 18. Jahrhundert.* Band 1: Das Jahrhundert Voltaires
1956	Italienreise (Internationaler Romanistenkongreß in Florenz, 3.–8.4.),
	Studienaufenthalt in Paris (17.4.–17.7.)
	*vor 33	nach 45.* Gesammelte Aufsätze
	Verleihung des Vaterländischen Verdienstordens in Silber

1957	*Moderne Französische Lyrik* (Dekadenz – Symbolismus – Neuromantik). Studien und kommentierte Texte. Neuausgabe mit einem Anhang: Vom Surrealismus zur Résistance
	Parisreise (Europäisches Treffen über die deutsche Frage, 14.–20. 12.)
1959	Schwere Erkrankung in Brüssel (28. 3.) während der Reise zum Internationalen Romanisten-Kongreß in Lissabon
1960	Victor Klemperer stirbt am 11. Februar in Dresden
	F.-C.-Weiskopf-Preis der Akademie der Künste zu Berlin (postum)
1966	*Geschichte der französischen Literatur im 18. Jahrhundert.* Band 2.: Das Jahrhundert Rousseaus
1989	*Curriculum vitae.* Erinnerungen eines Philologen. 1881–1918
1995	*Ich will Zeugnis ablegen bis zum letzten.* Tagebücher 1933–1945
	Geschwister-Scholl-Preis der Stadt München (postum)
1996	*Und so ist alles schwankend.* Tagebücher Juni bis Dezember 1945
	Leben sammeln, nicht fragen wozu und warum. Tagebücher 1918–1932
1999	*So sitze ich denn zwischen allen Stühlen.* Tagebücher 1945–1959

Klaus Schlesinger

Gorzów zum Beispiel

Wege zu Victor Klemperer

Victor Klemperer war für mich immer ein Zeitgenosse. Seine »LTI«, mit der wir im Osten quasi aufgewachsen sind, ist mir noch so gegenwärtig gewesen, daß ich erschrak, als ich beim Lesen seiner Tagebücher feststellte, wie lange er schon tot ist und daß unsere gemeinsam verbrachte Zeit nur zwei Jahrzehnte gedauert hat.

Persönlich habe ich ihn nie kennengelernt, aber ich kann sagen, ich habe alles gelesen, was er über sich geschrieben hat: das »Curriculum vitae« über seine ersten 37 Lebensjahre, dann die Tagebücher aus der Nazizeit und der Weimarer Republik, und letzten Frühling auch die über die Nachkriegsjahre und die Zeit in der DDR. Seitdem ist mir der Mann nicht mehr aus dem Kopf gegangen. Wahrscheinlich passiert mir mit seinen Tagebüchern das gleiche, was mir mit Döblins Alexanderplatzroman oder Sempruns »Die große Reise« passiert ist: Ich schaue immer wieder hinein, aus verschiedenen Anlässen, in verschiedenen Stimmungen, aber immer mit neuem Gewinn.

Wenn ein ganzes Menschenleben so offen vor einem liegt, mit allen Höhen und Tiefen, allen Kleinlichkeiten, Banalitäten und Eitelkeiten, kann man schon ins Grübeln kommen, wie das eigene Leben aussähe, würde es mit Akribie und Ehrlichkeit Tag für Tag registriert. Könnte ich schwarz auf weiß lesen, wieviel Zeit ich nutzlos vor dem Fernseher verbracht habe, würde ich das Ding wahrscheinlich gleich aus dem Fenster werfen.

Die Lektüre hat mich genauso gefesselt wie viele andere, mit denen ich darüber gesprochen habe. Das Präsens des Dokumentarischen hat eine derart suggestive Wirkung, daß man von ihm geradezu eingesogen wird. So nah ist mir eine fremde Person noch nie gerückt, daß ich tagelang von ihr geträumt habe. Aber ich hatte auch widersprüchliche Empfindungen. Einige Male ist er mir ganz fremd gewesen, und wenn ich bei manchen seiner Urteile laut ausrufen wollte: »Dieser Mann hat sich doch im Jahrhundert geirrt!«, fand ich ihn an anderen Stellen wieder so aktuell, so modern, als läse ich einen eben geschriebenen Text.

Wann immer ich mich gefragt habe, wer dieser Mensch eigentlich sei, konnte ich keine Antwort finden. Dabei ist mir klar geworden, daß ein acht Jahrzehnte dauerndes Leben, das vier – nein, rechnet man die Wochen der Münchener Räterepublik hinzu – sogar fünf deutsche Gesellschaftsysteme gesehen hat, sich nicht auf einen bündigen Begriff bringen läßt, und ich dachte, daß es wichtig sei, auch andere Wege des Zugangs zu dieser Person und zu ihrem Werk zu finden.

Mir macht nichts so viel Spaß wie die Suche nach Spuren, die mit dem Leben eines anderen Menschen verbunden sind. Als ich einige der Straßen abschritt, in denen Klemperer in seiner Berliner Zeit gewohnt hat, ist mir aufgefallen, wie oft sich unsere Wege gekreuzt haben müssen – wenn auch mit einem Zeitunterschied von sechs, sieben Jahrzehnten. Die Winterfeldtstraße in Schöneberg zum Beispiel, die gleich neben der Potsdamer Straße liegt, war zu seinen Zeiten eine »betont gutbürgerliche, beamtenhaft solide Wohngegend«. In den achtziger Jahren, in denen ich dort gewohnt habe, war daraus ein rauher, von Bordellen, Spielcasinos, Drogenkneipen durchsetzter Ort geworden, und der halbe Winterfeldtplatz war fest in der Hand von Hausbesetzern.

Ein anderes Beispiel ist Klemperers Geburtsstadt. Sie liegt gut hundertzwanzig Kilometer nordöstlich von Berlin, heißt heute Gorzów und trägt den Zusatz Wielkopolski, was auf deutsch Großpolen bedeutet. Vor 1945 hieß Gorzów Landsberg an der Warthe, und die Klemperers, die aus Böhmen kamen, wohnten seit 1863 in der Stadt. Der Vater war Rabbiner der jüdischen Gemeinde, und seine Frau hat hier neun Kinder zur Welt gebracht. Das jüngste war Victor, ein sogenannter Nachkömmling: Zur Zeit seiner Geburt war der Vater schon 43 Jahre alt, und die Mutter nicht viel jünger. Daß er ein problematisches, kränkliches, ja vielleicht sogar verzärteltes Kind war, ist seiner Autobiographie »Curriculum vitae« zu entnehmen. Auch daß er schon früh unter der Last seiner erfolgreichen Brüder litt, die alle hier aufs Gymnasium gingen und reine Musterschüler gewesen sein müssen.

Das alte Landsberg habe ich nicht gekannt, aber in Gorzów bin ich schon öfter gewesen. Es ist tatsächlich eine durch und durch polnische Stadt mit außergewöhnlich vielen jungen Leuten, sie hat noch immer eine Menge Industrie, und ihre Einwohnerzahl ist im Vergleich zur Vorkriegszeit mehr als doppelt so hoch.

Mir war diese Stadt immer sympathisch, auch wenn sie alles andere als einen organisch gewachsenen Eindruck macht. In dieser Gegend hat der Krieg die Städte und Ortschaften beinahe tödlich verwundet, und so ist auch Gorzów ein Gemisch aus den Resten des alten Landsbergs und den verschiedenen Baustilen der fünfziger, sechziger Jahre und schließlich des Plattenbaus.

Als ich bei Klemperer nachlesen wollte, was er über seine Geburtsstadt geschrieben hat, war ich erstaunt, wie wenig ich fand. Für die Zeit seiner Kindheit ist das erklärlich, denn die Familie zog, als er drei Jahre alt war, nach Bromberg, heute Bydgoszcz, und 1890 dann ins wachsende, wirtschaftlich prosperierende

Berlin, dessen vergleichsweise liberales Klima den Aufstiegs- und Assimilations-
wünschen der Familie entgegenkam. Der Vater – froh, der jüdischen Orthodoxie
entronnen zu sein – fand eine Stelle als Prediger in einer Reformgemeinde, und
die drei älteren, begabten Brüder machten hier eine beispielhafte Karriere, Georg und Felix als Ärzte, Berthold als Rechtsanwalt.

Aber Victor Klemperer war später noch zweimal in Landsberg gewesen, das
eine Mal, als er dort zwischen 1900 und 1902 auf Drängen seiner Familie das Abi-
tur nachholte und für zwei Jahre in der Pension Emma Scholz, Böhmstraße 21,
heute Straße des 30. Januar, Quartier nahm. Die Gegend im nördlichen Zentrum
Landsbergs hat den Krieg übrigens fast unbeschadet überstanden, und wenn das
Eckhaus mit der Nummer 21 des Jahres 1900 mit dem des Jahres 1999 identisch
ist, dann ist es keine Pension mehr, sondern ein ganz normales dreistöckiges
Mietshaus aus der Gründerzeit, in dem Leute mit Namen wie Krawczyk, Nawrot
und Marcinink wohnen.

Das andere Mal hat Klemperer seine Geburtsstadt mit der Schwester Grete
besucht; ich glaube, auf ihren Wunsch hin. Die kurze, nur ein paar Stunden dauernde Reise fand 1937 statt, und wer sein Tagebuch aus der Nazizeit gelesen hat,
wird sich erinnern, daß Klemperers Lebensverhältnisse gerade in diesen Jahren,
trotz seiner Zwangspensionierung und den antijüdischen Restriktionen, einen –
ich sage mal – materiellen Sprung gemacht hatten. Das Haus in Dölzschen war
seiner Frau Eva zuliebe gebaut worden, jetzt hatte er sich einen stillen Wunsch
erfüllt, einen gebrauchten Opel gekauft und fuhr mit großer Lust durch die Gegend. Diese Fahrt war die erste größere Tour mit dem neuen Auto, »*Reise*, nicht
Ausflug!«, notierte er mit einem gewissen Stolz.

Es muß also alles in allem keine unglückliche Zeit gewesen sein, als er mit
Grete und Eva durch Landsberg spazierte, auch wenn dem bekennenden Skepti-
ker schon schwante, daß er bald alles wieder verlieren könnte. Aber diese ganze
schmutzige Enteignungs- und Entwürdigungprozedur: das Telefon-, das Kino-,
das Katzenverbot, der Verlust des Autos, der Schreibmaschine, des Hauses usw.
usw. – lag damals wohl außerhalb seiner Vorstellungskraft.

Das wenige, was er über die Stadt geschrieben hat, ist von deutlicher Distanz,
ja Abwehr bestimmt. Auf den Neunzehnjährigen macht sie den »Eindruck eines
winzigen und leblosen Nestes«, für den Fünfundfünfzigjährigen ist sie »eine völlig fremde normale Mittelstadt«. Es müssen also noch andere Dinge eine Rolle
gespielt haben, sonst ist es gar nicht zu erklären, daß er, der jedes Fitzelchen seines Lebens so akribisch registrierte, nur einen nüchternen Satz darüber verliert,
als die ältere Schwester Grete ihm sein Geburtshaus zeigt und die Bank, auf der
die Kinderfrau immer mit ihm gesessen hat. Lediglich den Namen der Straße erwähnt er, nicht einmal die Hausnummer. Vielleicht hat es etwas mit den kleinen

Verhältnissen zu tun, die ihm in der Bergstraße so unvermittelt vor Augen traten und die ein paar verbliebene alte Häuser mit dem kleinstbäuerlichen Ambiente ihrer Höfe noch heute spiegeln. Vielleicht drückt die Kühle gegenüber seiner Geburtsstadt auch nur einen Zwiespalt aus – so als passe das jüdisch-orthodoxe Milieu der Kindheit nicht zu seinem lebenslangen Beharren auf einer deutschen Identität. Einmal wird dieser Widerspruch sichtbar. Da notiert er zwei Tage nach der Reise, wie sie bei ihrem Spaziergang durch die Stadt am Denkmal von Schleiermacher mit einer alten, eingesessenen Dame ins Gespräch gekommen sind und wie Grete es peinlichst vermieden hat, den Namen Klemperer auch nur zu erwähnen, und er schreibt in einem Tonfall, als schlüge er mit der Faust auf den Tisch: »Und wenn schon Nichtarier! Nicht wir haben uns zu schämen, die wir Landsberg in den Brockhaus gebracht haben!«

Damals, im Mai 1936, sah er sich noch das Gymnasium an, in dem er es mit schrecklicher Büffelei vom Durchschnittsschüler zum Klassenprimus gebracht hatte, warf auch einen Blick auf die neue Brücke über die Warthe, die anstelle der hölzernen Zugbrücke gebaut worden war und aß dann im Rathauskeller zu Mittag. Zur Synagoge, dem Arbeitsplatz seines Vaters, scheint er nicht gegangen zu sein, obgleich sie, alten Fotos nach zu urteilen, ein besonders imposanter Bau gewesen sein muß. Dicht an der Warthe gelegen, hoch aufragend und mit vier filigranen, minarettartigen Ziertürmen war sie das geistige Zentrum der fünfhundert gläubigen Landsberger Juden. Es waren damals noch zweieinhalb Jahre bis zur Zerstörung des Tempels, und es findet sich keine Spur mehr von ihm. Jetzt stehen an seiner Stelle ein paar dreistöckige Wohnblöcke, und auch die Judenstraße, die den sakralen Bau nördlich begrenzte und schon unter Hitler in Zimmermannstraße umbenannt worden war, gibt es nicht mehr.

In den ganzen Jahren, die dieser Reise folgten, erwähnt Klemperer seine Geburtsstadt, meiner Erinnerung nach, nur noch einmal, gegen Ende seines Lebens. Der Gipfelpunkt dessen, was er seine Karriere nannte, lag schon so gut wie hinter ihm: die Ordinariate in Halle und Berlin, Volkskammersitz, Kulturbundpräsidium, seine aufsehenerregende »LTI« und die vielen, eine ganze Generation prägenden Vorträge. Eva war lange tot, er hatte zum zweiten Mal geheiratet und litt unter den körperlichen Folgen des Alters, vor allem an seiner Gedächtnisschwäche. Da fällt ihm bei einer Eintragung unter dem 29. November 1958 ein, daß dies der Hochzeitstag seiner Eltern gewesen war, und er versucht sich zu erinnern, wann das gewesen sein könnte, kommt auf das Jahr 1863, »denn Georg wurde 65 geboren u. vor ihm ein frühverstorbenes Kind, das auf dem Friedhof in Landsberg liegt.« Diesen Friedhof kann, wer es will, auch heute noch besuchen. Er liegt etwas außerhalb des Zentrums auf einem ansteigenden, schlauchartigen Stück Land am Rande einer Neubausiedlung, hat eine prächtige Kastanienallee und eine 350 Jahre alte Eiche. Der Zugang ist nur über eine schmale Stiege an der Seite möglich. Die Grabsteine liegen zerschlagen, vermoost und verwittert über die Erde verstreut, und an den Resten der Begräbnishalle erinnert uns eine Art Mosaik aus Bruchstücken hebräisch beschrifteter Grabsteine an die Zerstörung des Ortes im November 1938.

Ich war am letzten Ostermontag dort. Es war ein freundlicher Tag, die Sonne schien, und über der ganzen, sonst so belebten Stadt lag die heitere Trägheit des Feiertages. Eine Kleinfamilie machte unter den Friedhofsbäumen ihren Mittagsspaziergang, und noch während meiner letzlich vergeblichen Suche nach einer Spur der Klemperers schlenderten zwei junge Männer heran, ließen sich seelenruhig auf dem Rand eines Grabsteines nieder, holten zwei Bierbüchsen aus der Plastetüte und tranken sich zu.

Außer Gorzów gibt es natürlich noch eine Menge anderer Orte, an denen jemand Klemperers Spur folgen kann. Er war, was wir einen weitgereisten Mann nennen. Ich stand einmal in Malaga, Südspanien, zur Zeit der Semana Santa vor der gleichen Stierkampf-Arena wie er, die Kapelle im Innern schmetterte eine fröhliche Blechmusik und erhitzte Verkäufer boten Billets feil; wie damals er zierte jetzt ich mich und hatte ein komisches, abwehrendes Gefühl im Leib, aber im Gegensatz zu ihm habe ich meine Hemmung überwunden und bin hineingegangen. Wenn aber jemand den Wunsch hat, lieber nach Barcelona zu reisen und er fragt im Reisebüro in der Goltzstraße, Berlin-Schöneberg, den freundlichen Mann mit dem Vornamen Wolfram nach einem guten, noch bezahlbaren Hotel, ist es nicht unwahrscheinlich, daß er ganz zufällig im zweiten Stock des Hotels »Regina«, dicht an der Plaza de Cataluña, landet, in dessen Dachzimmern Eva und Victor Klemperer vom 22. bis 26. Mai 1926 logierten. Bei der Lektüre des Tagebuches von 1959, das ein so erschütterndes Ende hat, stellte ich mir einmal die Frage, wie Victor Klemperer gestorben sein mag. Ich glaubte, wenn ich diesem Mann schon so nahe gerückt bin, dürfte ich mir auch erlauben, einen Blick auf seine letzte Stunde zu werfen. Im nächsten Moment erschrak ich über meinen Wunsch, als wollte ich in einen Bereich eindringen, der so intim ist, daß er einem Fremden wie mir verschlossen bleiben sollte. Es gibt ja so viele andere Türen zu Victor Klemperers Roman, der sein Leben war.

April 1999

218

Inhalt

Mit 322 Abbildungen
Bildkonzeption und Bildrecherche Christian Borchert

Die Text-Zitate von Victor Klemperer sind folgenden Bänden entnommen:
»Curriculum vitae. Erinnerungen eines Philologen. 1881 – 1918«, herausgegeben von Walter Nowojski, Rütten & Loening, Berlin 1989
»Leben sammeln, nicht fragen wozu und warum. Tagebücher 1918 – 1932«, herausgegeben von Walter Nowojski unter Mitarbeit von Christian Löser, Aufbau-Verlag, Berlin 1996
»Ich will Zeugnis ablegen bis zum letzten«. Tagebücher 1932 – 1945«, herausgegeben von Walter Nowojski unter Mitarbeit von Hadwig Klemperer, Aufbau-Verlag, Berlin 1995
»So sitze ich denn zwischen allen Stühlen. Tagebücher 1945 – 1959«, herausgegeben von Walter Nowojski unter Mitarbeit von Christian Löser, Aufbau-Verlag, Berlin 1999

Bei den Zitaten aus »Leben sammeln, nicht fragen wozu und warum« sowie »So sitze ich denn zwischen allen Stühlen« wurde die Schreibweise, die in den Editionen buchstaben- und zeichengetreu den Originalen folgt, den anderen Bänden angeglichen und modernisiert. Auslassungen sind mit […] gekennzeichnet.

Für die historischen Zeittafeln (Auswahl) wurden benutzt: »Deutsche Geschichte in Schlaglichtern«, Meyers Lexikonverlag, Mannheim 1996; »Weltgeschichte in Schlaglichtern«, Meyers Lexikonverlag, Mannheim 1992; Hartwig Bögeholz: »Die Deutschen nach dem Krieg. Eine Chronik«, Rowohlt Taschenbuch Verlag, Reinbek bei Hamburg 1995

ISBN 3-351-02399-5
1. Auflage 1999
© Aufbau-Verlag GmbH, Berlin 1999
Gesamtgestaltung Therese Schneider, Berlin
Reproduktion Druckhaus Galrev, Berlin
Druck und Binden Clausen & Bosse, Leck
Printed in Germany